구시렁거리는 소리

구시렁거리는 소리

조기호 수필집

수필과비평사

|작가의 말|

부끄러움의 변

첫 수필집을 세상에 내놓는다. 부끄럽다. 이는 내 시의 수준에 이르지 못한 엄연한 사실에 대한 솔직한 고백이다. 수필은 시간 나는 대로 틈틈이 엮어본 것이고, 시는 내 문학의 본업인 관계로 부단히 많은 시간을 소모하여 지은 글이기 때문에 수필과 시의 두 장르 사이에 자연적으로 발생한 간극일 것이라 여겨주시기 바란다.

저에게 보내오는 수필집을 읽을라치면 섬세하고 마음의 밑바닥에서 표출해내는 아름다운 심리묘사가 달빛이 쏟아지는 밤바다에 반짝이는 윤슬같이 잔잔하게 흐른다. 특히 여류 문인들의 작품에서 더욱 자상하게 읽히는데, 내 수필이란 것은, 막자갈을 이제 막 깔아놓은 신작로같이 울퉁불퉁하고 심리 위주가 아닌 사건 위주로 엮어진 듯하여 독자와 수필에게 미안하고 송구스럽다. 이런 글도 수필의 범주에 포함되는 게 가능한 것인가 의심해 보면서.

수필을 이르는 표현처럼, '붓 가는 대로 쓰는 글'이 못 되었음을 널리 이해하여 주시기 바란다.

2024년 정월에

조기호

| 차례 |

제2부 나의 노래

제3부 무녀리 수기

제4부 구시렁거리는 소리

제5부 영산포 술청

제1부
눈길을 걸으며

백제금동용봉봉래산향로

부여 능산리 절터의 땅속에 처박혀 천년을 살아온 백제가 걸어 나왔다는 소식을 신문 방송을 보고 들어 알고 있었다. 그러나 일반인들이 관람할 수 있는 날이 언제인가도 모르며, 장소도 알 수 없어 궁금해 하던 차에, 마침 금마에 있는 미륵사지 박물관에서 당시의 백제 유물의 모형을 판매한다고 하여 J 시인을 따라 나섰다. 모형은 거의 매진되고 중형으로 두 점이 남았다기에 가격의 고하를 불문하고 두 점을 샀다.

전쟁에서 진 패전국의 문화유산을 우리 같은 서민이 접하기가 어려운 것은 패전국의 문화는 무엇이든지 깡그리 부숴 버리는 악습 때문이다.

가장 좋은 예로 전주에 도읍을 정하여 궁궐을 짓고 나라를 세웠던 후백제는 신라의 모진 파괴로 그 궁궐터의 위치는커녕 깨진 기왓장 하나도 찾을 수가 없는 실정 아닌가. 그러한데 천년이나 파묻혀 있던 백제가 돌아와 내 품에 안겼다고 생각하니 황홀하고 감격스러워 내 아는 상식을 동원하여 이 향로에 담겨 있는 백제를 차근차근 읽어 보고 싶은 생각이 들었다.

하늘은 삼라만상을 지어 땅덩이를 솟구치게 하고, 금강산 일만이천 봉우리마다 만물의 생명이 연꽃에서 탄생하는 이치로 연꽃 위에 연화화생蓮花化生이 활짝 피었으며, 여의주를 머금고 머리를 든 용틀임은 백마강 물안개보다 더더욱 자욱하다.

동해에 우뚝 솟아 신들이 노니는 신산神山 봉래산에 사는 상서로운 새 봉황이 날아와 세세만년 태평성대를 구가하고, 기러기 다섯 마리를 갸웃이 올려다 맞았으며, 엷은 미소를 홍안에 머금은 시선들이 제각기 악기를 들여 월금月琴을 타고 피리를 불어 해와 달을 다스리렷다.

천하의 절경인 봉래산 일흔네 곳 골짜기마다에는 천상으로 뻗쳐 오른 폭포수가 걸려 있고, 선녀들이 하강하여 목욕하는 상팔담 하팔담에서 내리쏟은 물은 구룡폭포 삼천 척 물보라를 날리는데, 그 골짜기 사이사이 흐르는 물이 칠선녀 목욕하던 담소와 어우러져 궁宮 상商 각角 치緻 우羽의 오음五音이 아련히 들러오는 게 아닌가.

아 아, 예술을 사랑했던 나라, 예술가를 우대하여 금동 향로에까지 예술의 혼과 예술가의 넋을 담아 저리 아름답게 표현하여 새겨둔 사람들이 살던 나라, 나는 그들의 꿈과 이상과 희망과 높은 기개와 향기로운 예술혼에 깊은 감명을 받아 잠을 이루기가 어려웠다.

음악 소리에 취한 선비 한 분 한 분이 한 폭의 산수화로 명상에 잠기고, 고결하게 피어 사는 고란사 뒷담의 고란초 물이 흘러내린 백마강에 아리따운 삼천궁녀가 머리를 감아 헹구고, 계백의 군사 같은 젊은 남정네들이 낚시터에 앉아 사추리를 추스르고, 백제를 가장 잘 다스렸다는 근초고왕은 백마를 타고 사냥하러 부소산을 오르시는구나.

기어 다니는 자라도 선계를 날고, 헤엄치는 스물여섯 물짐승은 용궁으로 드는데, 두루미 비선학飛仙鶴 되어 학춤을 추는 사이로 사람들은 하늘에 이르러 요고를 치며 극락세계인

미륵으로 가는구나.

세상은 안온하고 따사로워 봉황새가 오색 나래를 활짝 펴고 긴 울음 한 소리에 미륵으로 비상하는 백제의 꿈과 이상과 사상을 널리 이르는 주악 선인 다섯 어르신이 눈을 감고 청아하게 펼쳐 가시는 저 용봉봉래산대향로는 신의 경지에 이른 작은 우주이거늘.

불현듯 여기가 백제인가, 이것이 오백 년 사직을 이어온 백제의 숨결이었던가, 백제의 꿈이었던가, 활짝 핀 연꽃이 받쳐준 저 우주의 슬기가 천년의 눈물로 향기롭다.

찬란했던 백제의 문화와 예술이 그리 짓밟혀 파괴되지 않았다면 경주의 불국사나 석굴암 같은 훌륭한 문화 유적으로 남았을 터. 백제의 예술 수준이 높아 신라의 건축이나 조각품을 조성하는 데 조력하였음이 역사에 기록되어 있는바 그것들이 산산이 부서져 사라진 것이 못내 서운하다. 역사의 저편에서 천년을 걸어 나온 백제금동용봉봉래산향로를 안고 있으니 오늘밤은 유난히 황홀한 무구無垢의 세계로 아득한 천년을 뒤돌아볼 수 있어 감개무량하였다.

낚시터에 앉으면

젊은 시절, 낚시에 미쳐 황금 같은 숱한 세월을 물가에 내버린 때가 많았다. 글쓰는 문우들이 지금은 작고하신 하반영 화백을 따라 '일요 화우회'에 나가 야외로 사생하러 가자고 졸라대는 것을 "그림은 자네들이나 그리시게. 나는 글 잡으러 물가로 가네."라고 쏘아대고 내빼버렸다.

미쳐도 보통 미친 게 아니어서 얼음이 꽁꽁 언 한겨울까지도 낚시터를 싸돌아다녔다. 그때가 아마 1970년 여름쯤 되었을 게다. 서울 후배가 시는 내팽개치고 문단에 등단 같은 것에도 전혀 뜻이 없는 낚시꾼이 되어 허송세월하는 내가 안타까웠는지 등단시키고자 내 원고를 가져다가 부부 시인이 운영하는 문예지에 천거하여 등단 절차를 모두 주선해 놓았다.

어느 여름날 토요일 오후, 낚시를 가려고 낚시가방을 둘러매는데 황송문 시인에게서 전화가 왔다. 전주관광호텔에서 문학세미나가 있어서 문예지를 발간하는 시인과 같이 왔는데 그분이 만나자고 하니 나오란다. '그까짓 등단은 안 하면 그만이고, 나는 월척 붕어가 기다리는 운암강으로 낚시를 가야 한다.'라고 호기로운 생각도 없지는 않았지만 실은 자동차와 모든 낚시에 대한 제반 준비를 내가 책임을 맡았기 때문에 빠질 수가 없는 사정이었다. 그래서 "나 찾으면 낚시 가고 없더라고 하게." 하고는 쏜살같이 낚시터로 달려가 버렸다. 괘씸죄에 걸려 문예지 등단은 그렇게 까먹어버렸다. 그러니 가정인들 얼마나 살뜰히 보살폈겠는가.

밤은 깊어가고 달도 없는 캄캄한 섬진강댐 아래 '히여터' 물가에 앉아 밤낚시를 한다.

유월 전쟁 때 회문산에 갇힌 전북도당 패잔병들이 국군의 소탕 작전에 쫓겨 도망친다. 신작로는 국군이 지켜 갈 수 없어 어두운 밤을 타서 강물 속을 걸어 빠져나간 바로 그 자리다. 사위는 쥐죽은 듯 교교하고 육칠십 노인 두 분과 내 후배와 내가 밝힌 카바이트 등불 빛을 받은 손톱만 한 야광 찌만 붉은 눈을 뜨고 물위에 서 있다. 물고기들 입질은 전혀 없다. 무료함을 떨치려 담뱃불을 붙이는데 육십 노인이 적막을 깬다.

"형님, 형님은 형수씨한테 한 달에 몇 차례나 가시는가요? 저는 세 번은 갑니다."

"그거? 한 번 갈 동 말똥 혀."

칠십객 노인의 힘없는 답변이 건너온다. 끝자리 모퉁이에 앉은 후배가 키득거린다. 그때 "형님! 저 찌 - 저 찌!" 다급한 육십 노인의 목소리다. 칠십객의 찌가 끄덕거리더니 쭉 올라간다. 노인의 낚싯대가 휘어진다. 물위를 걸어오는 발소리가 찰박 찰박거린다. "형님 무엇인가요?" "하, 이런 각시붕어가 입이 찢어져 피가 나네." 70 노인이 구시렁거린다.

"저런! 저런, 깔밋잖은 년이 있는가? 아, 일흔 넘은 어르신에게 올 적에는 경도나 치르고 올 일이지 쯧 쯧 으젔잖은 년 같으니라고."

육십 노인의 놀림에,

"예끼순! 고약한 사람."

후배와 난 또다시 쿡쿡거리고 웃는다. 삼십대 초반인 우리는 남자 나이 육칠십 넘으면 성생활을 못 하는 걸로 알았다.

섬진강 맑은 물에 북두가 꼬랑지를 담그는 깊은 밤, 뜰채를 들어 관조를 건진다. 월척보다 더 큰 관조를 살림망에 가득 채운다. 우련히 먼동이 트면 살림망 속 관조는 도깨비가

다 물어가고, 빈 소주병 몇 개만 처량히 들어있다. 먼 데서 온 바람도 숨이 차는지 후후 아침 물안개를 불어가며 강물을 마신다.

도청 직원 몇이 낚시를 한다. 말단 직원의 낚싯대가 활처럼 휜다. 실랑이 끝에 쥐꼬배기를 건져 올린다.

"아, 이 당기는 맛 그까짓 도지사하고 안 바꿉니다. 허허."

"뭣이 어쩌고 어째? 야 인마, 너 시방 뭐라고 했냐?"

일행에 부지사가 낀 걸 깜박 잊은 거다.

"아이고 잘못했습니다."

모두가 한바탕 웃음꽃이 핀다. 그 맑은 웃음을 강물이 잔잔히 받아 넣는다.

"거, 물건 좋습니다." 옆에 앉은 낚시꾼이 인사를 건넨다.

"뭘요. 이까짓 것."

목에 힘을 준다. 수건에 손을 닦고 담배를 한 대 피워 문다. 쓰읍- 옆사람들을 둘러본다. 이게 낚시의 맛이다.

조각달이 내려와 강물 속에서 조우하는 깊은 밤. 카바이트 불빛에 깜박이는 빨간 찌를 보고 앉아 있노라면 너도 없고 나도 없다. 강물도 없고 청간스런 적막만 수북이 쌓인다. 저녁에 먹다 남긴 청국장에 라면을 꺾어 넣고 끓인 해장국에 소주 한 잔. 하늘 아래 첫 운치다. 어디에 가서 이런 맛을 만날 수 있을까. 밤새 피라미 입질 한 번도 못 받아보고 백병전 치른 패잔병이 되어 돌아올지언정 시커먼 그을음이 종유석처럼 주렁주렁 천장에 매달리고 볼록볼록 돋은 부엌 바닥에 쪼그리고 앉아 감장아찌 한 입에 모리미 두어 잔이면 그만인걸.

이제 내구연한이 넘어 용도 폐기된 나이테에 이르러 낚시터에 간다는 건 아득하다. 베란다 구석에 처박힌 낚시도구 일습을 버리자는 아내가 저러다가 마침내 나까지 내다 버릴 서슬이어서 그마저도 꺼내어 쓰다듬어 보지 못하는 늙은 버섯으로 살고 있으니 낚시는 꿈에서도 아득한 추억만 깨물밖에.

외양간

우리 농촌의 농가에는 소와 말을 매어놓고 키우는 외양간이 있다. 외양간은 대개 안채에서 떨어진 머슴들이 기거하는 옆 행랑채나 별동으로 따로 축조되어 있지만, 북쪽 추운 지방에서는 안채 부엌 옆에 붙어 있는 경우도 있다.

정읍 시골에 아파트를 처음 건축하여 입주할 때 어느 촌영감이 오셔서 외양간이 어디냐고 물었다는 에피소드도 있었다지만, 우리 농촌에선 웬만큼 생활이 윤택한 집은 거의 머슴이 기거하는 사랑방 옆에 외양간이 붙어있었다. 그래야 밤에도 소의 상태를 살필 수 있고, 새벽에 일찍 일어나 쇠죽 쑤기도 편리하기 때문이다.

당시엔 농가에서는 소가 재산목록 제1호였다. 생활의 넉넉함과 빈곤의 가치 척도에 가름이 되고, 자식의 대학등록금이 되기도 하는 살림 밑천이었다. 그뿐만 아니라 농토의 많고 적음을 나타내는 상징이기도 하고, 논밭을 갈고 달구지를 끄는 매우 중요한 동력이기도 했다. 즉 농가에서 소의 가치는 재화로서 부를 나타내고 축적하는 용도이지만, 새끼를 낳아 농비와 자식들의 학비로 충당하는 역할을 하여 걸어 다니는 현찰에 버금갔던 것이다. 지금처럼 트랙터나 경운기가 없던 시절이라 달구지를 끌거나 쟁기질하는 힘이 필요한 작업엔 소나 말의 힘이 얼마나 절대적이었을지 가히 짐작이 간다.

나는 소와 말을 직접 기르거나 소 멍에를 얹어 달구지를 끈다던지, 쟁기를 채워 논밭을 갈아 본 적은 없다. 그러나 시골에서 살다 보니 소와 얽힌 사연이 많다.

소에 대한 첫 번째 기억은 초등학교 저학년 때이다. 아버지와 학교를 다녀오다가 마을에 거의 이르자 텃논에서 쟁기질하는 친구분에게 아버지께서,

"어이, 자네 오늘 하루 종일 암소 엉덩이 냄새 맡으며 따라다닌 게 재미 좋았겠네." 하면서 껄껄 웃으셨다.

"예끼, 이 사람아. 그 옆에 아들도 있는디 무슨 헛소린가? 이 고약한 친구야."

그게 무슨 말인지 모르다가 얼마 후에야 그 뜻을 알게 되었는데 그것이 소에 관한 첫 기억이다.

일제강점기 시절, 군수용 알코올 공장에 납품하기 위해 고구마 농사를 몇 만 평의 황토배기에 지었다. 농촌살이라는 게 일손은 언제나 부족했던 탓인지 여덟 살 어린 나에게도 풀을 뜯기라고 소를 맡긴 게 잘못이었다. 소가 조그만 나를 만만하게 여기고 내 손에 잡힌 고삐를 끌고 멀리 달아나버렸다. 울고 집에 온 나를 보자, "어린것에게 풀 뜯기라며 소를 맡기는 사람이 어디 있냐?"며 어머니는 아버지를 원망하고 아버지는 머슴과 동네 젊은 청년들을 백방으로 풀어 소를 찾으러 보냈다, 이튿날 오후쯤에야 우리 마을에서 서너 마을 건너 동네에 붙잡힌 소를 사례금으로 쌀됫박 값을 주고 찾아왔다. 소의 고삐를 놓쳐버려서 황당하고 무서웠던 것이 소에 관한 두 번째 기억이다.

사람들은 소가 눈이 커서 순하고 주인을 알아본다고 하지만 어른들의 말씀이 나에게는 멀쩡한 헛말이었다. 지금도 그때 놀랐던 것을 생각하면 심장이 쿵쾅거리기 때문이다.

농경사회였던 우리 농촌에는 소에 관한 풍습과 그에 따른 설화 같은 갖가지 이야기가 흔했다. 어릴 적 들은 이야기 중 하나는 암소가 호랑이를 이긴다는 것이다. 황소는 호랑이가 수소의 불알을 물어뜯기 때문에 진다고 한다.

시골 농군이 밤중에 소달구지를 끌고 산골을 지나는데 길 앞에 호랑이가 떡 버티고 앉아 있어서 주인은 얼른 소의 고삐를 놓고 달구지에서 풀어 주고는 저 혼자 집으로 뺑소니를 쳐버렸단다. 호랑이를 물리친 암소가 핏발선 눈에 피투성이 몸으로 입에 거품을 물고 씩씩거리며 배신한 주인을 찾아 집안을 두리번거렸으나 눈치를 챈 주인이 이웃으로 피하여 살아났다고 한다.

마을에서 십 리나 떨어진 왕궁저수지 옆엔 아름드리 소나무가 울창한 숲을 이루었다. 그 푸른 소나무 위에 황새들이 하얗게 둥지를 틀고 앉아 있다. 멀리에서 보기엔 그럴듯하게 잘 배색된 한 폭의 산수화지만, 소나무 밑에는 새들의 배설물과 온갖 동물의 잔해가 지저분하게 널려있다. 여름이면 마을 청년들이 둥지 아래로 떨어진 새끼를 주워오거나 나무를 타고 올라가 새끼를 잡아오기도 하였다. 우리 머슴도 잡아다가 작두로 썰어 풀에 싸서 먹이는 걸 보았다. 소를 잘 먹여야 쟁기질도 잘하고 새끼도 순산한다고 하였다.

유월 전쟁이 아직 멈추지 않았을 때다. 우리 마을 근동에 밤이면 2인조 무장 강도가 돈 있을 만한 외딴집을 털어간다는 말을 들었다. 주로 외딴 과수원이 그 대상인데, 지서와 유대관계가 깊은 우리 집은 의경 두 사람을 보내어 지키도록 특별 배려를 해 주었다. 잠결에 유난히 딸랑거리는 워낭 소리와 바닥을 긁는 말 발굽 소리에 잠을 깨어 문구멍으로 밖을 보니 시커먼 두 놈이 대문을 넘어오고 있었다.

의경을 깨웠더니 그들도 무서운지 밖에 나가지도 못하고 방안에서 총을 몇 방 쏘자 강도들이 도망갔다. 그 바람에 총 맞은 문살만 부러지고 피해를 입지 않았다. 대문 옆 외양간에 매여 있던 소와 말의 예리한 감수성과 지혜가 우리를 무사하도록 지켜준 게 소에 대한 세 번째 기억이다.

과수원에는 소 두 마리와 조랑말 세 마리를 기른다. 겨울부터 이른봄까지 전주 시내 쓰레기와 인분을 펴다가 과수에 거름을 주어야 한다.

당시에는 인공사료가 없어서 추석 명절이 돌아오면 제일 문제였다. 평소엔 머슴이 여물을 마련하지만 명절에는 휴가받은 머슴들이 새 옷을 입고 각자 고향에 가기 때문에 낫질도 못 하는 우리 형제가 바랭이풀을 찾아 헤매야 했다. 그래봐야 공부만 하던 것들인데 낫질인들 제대로 해봤겠는가? 서툰 낫질로 풀을 얼마나 베어 오겠는가? 결국 짚을 썰어 쇠죽을 쑤거나 다른 방법으로 집안 어른들이 챙겨주셔서 추석을 넘기곤 했다.

시골 외양간은 항시 불결했다. 소와 말의 배설물이 고여 질척거리고 냄새도 고약하다. 외양간 바닥에 짚을 깔아 주지만 며칠 못 가 금방 그 꼴이다. 여름엔 파리와 모기가 극성이라 외양간이 지저분하면 할머니께서 머슴들을 닦달하는 등살에 과수에 소독할 때마다 외양간도 수시로 소독을 하고 짚을 갈아주어 비교적 청결한 편이었다.

머슴이 바쁜 날은 쇠죽솥에 불 지피는 걸 내가 돕기도 하였다. 쇠죽이 익을 무렵이면 가마솥이 눈물을 서너 줄기 주르륵 흘리고 하얀 김이 솔솔 새어 나와 쇠죽 냄새가 구수했다. 쇠죽을 끓인 이글이글한 잉걸불에 구워먹는 감자와 고구마의 맛은 참으로 옹골졌다. 간혹 내 또래 애기머슴에게 써럭초 담배를 얻어 피우기도 해서 내 흡연은 외양간 옆 사랑방 쇠죽 쑤는 아궁이에서부터 시작되었다.

외양간 옆 모퉁이엔 작은 항아리가 놓여 있었는데, 그 항아리는 머슴들이 잠자다가 소피가 마려우면 우르르 달려가 내지르는 소피 수통아리다. 가끔 외로운 달이 오줌 항아리에 내려와 놀고 가기도 하는데, 과수원에서는 한 깍쟁이 소변과 외양간에 깔았던 지푸라기가 당시에는 매우 필요한 거름이 되었다. 소와 말은 먹고 일하는 것 외에도 다량의 퇴비를 생산하는 데에도 도움을 보태는 가축이었다.

조랑말은 소와 달리 성질이 사납고 급하여 달구지를 끌고 빨리 가기는 하지만, 힘은 소만큼 쓰질 못한다. 과수원에서 기르는 조랑말 가운데 가장 혈기 왕성한 젊은 놈은 성깔도 고약해 걸핏하면 매어놓은 줄을 끊고 도망을 친다. 과수원엔 울타리가 쳐져서 도망칠 염려는 없지만, 이 놈이 과일나무 밑으로 달리기를 하면 크고 탐스럽게 익은 과일들이 우수수 툭툭 떨어지는 게 문제다. 한번은 비 오는 날, 이놈이 뛰어다녀 과수원을 분탕질하고 다닌다며 형과 내가 한참 재미있는 이야기꽃을 피우고 있는데 말을 잡아 오라고 한다. 우리는 그 놈 모가지를 옭아다가 안채에서 약 40미터쯤 떨어진 바깥대문 옆 큰 감나무 가지에 밧줄을 걸어놓고 앞발이 들리도록 잡아당겼다. 네발짐승은 앞발이 들리면 꼼짝을 못한다는 걸 알고 있었던 것이다. 쇠파이프도 아닌 쇠몽둥이로 등허리를 내리치면, 흐흐흐흥 죽는소리를 치지만 안집까진 들리지 않았다. 그놈을 잡으러 빗속에 다닌 화풀이를 그렇게 실컷 하고 난 한 달포쯤 지났을까. 가장 잘 달리던 놈이 비실거린다고 일꾼이 걱정을 했다. 며칠 지나서는 등허리에서 고름이 찌걱찌걱 나온다. 척추가 부러진 거다. 우리 형제는 시치미를 뚝 떼고 모른 체하였지만 속으론 은근히 걱정이 되었는데 며칠 못 가서 죽어버렸다.

행세 좀 한다는 집에서는 말고기를 먹지 않을 때였다. 고기는 어려운 사람들이 전부 가져가고 뼈만 남은 걸 유황 달이는 큰 가마솥에다 말 한 마리 뼈를 몽땅 집어넣고 며칠을 달였다. 그렇게 달인 물을 마시고 각혈까지 하기에 이른 형의 폐병이 완쾌되었다. 이런 기적이 있단 말인가? 집안엔 경사가 났다. 집안의 장손의 병이 말끔히 가셨으니, 그까짓 말 한 마리가 무슨 대수겠는가.

그러고 보면 형을 살리기 위해서 삼시랑이나 조왕신이 조랑말을 죽도록 신통력을 부렸을 거라는 생각이 들기도 했다. 아마도 형과 그 조랑말은 전생에 어떤 인과관계로 맺어진 인연이었는지도 모르겠다.

농촌에선 소도둑이 제일 큰 도둑이다. 도둑을 맞으려면 워낭도 울지 않는다. 도둑이 때끼칼로 미리 줄을 잘라버리기 때문이다. 같은 가축이라도 말은 기르는 곳이 한정되어 있어서 소요 처가 흔치 않지만, 소는 어느 곳에도 소용되어, 시골에선 소 외에는 크리 큰돈이 움직이는 재화가 없는 실정이었다. 그래서 소도둑에게는 사람에게 상해를 입힌 흉악범이나 여인을 겁탈한 강간범과 동급의 죄과로 처결되는 형벌을 가했다.

양력 3월은 농한기에 들어 과수원엔 돈이 없었다. 대학 입학금과 책값, 국립대 교복 대금과 기타 준비물을 챙길 돈이 막막한 처지였다. 하는 수 없이 소를 팔았다. 전주 남부시장 아래 천변에서 열리는 쇠전에 나온 소 가운데 제일 크고 우람한 찌러기 황소를 내다 판 돈으로 입학금과 교재 값을 하고 《삼국유사》《고가연구》(양주동) 《국문학개론》(조윤제) 등의 서적, 시집, 수필집 같은 책을 많이 구입하였다. 대학입학금과 책값 등을 소에게 신세를 입은 게 소에 관한 네 번째 기억이다.

찌러기 소는 성질이 몹시 사나운 황소를 이르는 말인데 전라도 지방에선 찌락소라고도 한다. 소는 여러 가지 이름으로 불린다. 아직 뱃속에 든 새끼는 송치, 송아지가 뿔이 날 만할 때는 부룩송아지 또는 동부레기라 하고, 중송아지 정도 되면 어스럭송아지 혹은 엇송아지라 하는데, 수놈은 엇부루기라 한다. 아직 코뚜레를 하지 않고 목에 고삐를 맨 놈을 목매기송아지라 하며, 다 자란 수소를 황소라 한다. 남쪽 지방에서는 황소를 길치라고도 하고, 달구지 끄는 소는 차부소라 부르고 새끼를 못 낳는 암소는 둘암소라 칭한다.

또한 쇠뿔도 그 모양에 따라 이름이 다르다. 끝이 안으로 굽은 건 우걱뿔이고 바깥으로 꼬부라진 뿔은 송낙뿔이라 한다. 그중에서도 두 뿔 모양이 홰 모양으로 일자로 이른 뿔은 홰뿔이라 한다. 홰는 횃불의 뜻이 아니고 안방의 횃대나 닭장에 가로지른 나무의 홰를 뜻한다.

전쟁을 멈추고 3년이 흘렀는데도 대학교에 적을 두면 병역 기피자가 병역이 면제되어 학교 내에 수염이 검실검실한 삼십 가까운 나이의 병역 기피자들이 소 팔아낸 등록금으로 어슬렁거리고 다녔다. 그리하여 대학교를 우골탑이라 불렀다.

소와 나의 마지막 기억은 '배먹이'에 관한 일이었다. 농가에선 소를 살 형편이 어려운 사람이 목매기 정도 되는 남의 소를 위탁받아 키워서 그 소가 새끼를 낳으면 어미 소는 위탁한 주인에게 돌려주고, 새끼는 키운 농가에서 갖는 것이 배먹이다. 전주 가까운 인근 농촌에 외가로 먼 친척뻘 된다는 아우 한 녀석이 어렵게 살고 있었다. 족보에도 없는 친척으로 외가 연줄로 따져 아우가 된다는데 논밭뙈기 한 뼘도 없이 고달픈 삶을 살고 있었다. 하도 사정이 딱해서 밭 몇 두락 매입하여 지어먹고 살라고 맡겼는데 하루는 또 찾아와 소 한 마리만 사 달라고 졸랐다. 소가 있어야 밭도 갈고 남의 논밭도 쟁기질해서 품삯이라도 얻어먹고 살겠다며 눈물을 훔치는데야 어쩔 도리가 없었다. 제 말대로 배먹이하기로 하여 소를 사줬다. 쇠전에서 평생을 거간꾼으로 우전을 먹고 산 이웃 아저씨에게 부탁하여 쇠전에 나온 목매기 중에서 가장 실팍한 암소 한 마리를 사줬는데, 이태가 지나도록 아무 기별이 없었다.

그때 사준 목매기가 몇 달 지나면 발정을 했을 것이고 소의 임신기간이 보통 286일 내외로 10개월쯤 된다는데 그동안 새끼를 보았어도 몇 번을 보았을 것이다. 그런데 함흥차사여서 갑갑한 아내의 성화에 못 견뎌 휴일에 찾아갔더니 마당 구석 외양간에 피골이 상접한 암소 한 마리가 누워있는 게 아닌가.

세상에! 이럴 수가 있단 말인가? 먹이지도 않고 쟁기질 같은 고역으로 부려만 먹어서 소가 아니라 소의 미라가 누워있는 것 같았다. 아무런들 제 소 같았으면 갈비뼈가 다 드러나도록 저리 마르게 두었을까. 생각할수록 그놈의 소행머리가 괘씸하여 화가 치밀고 허탈해서 우리는 그 길로 돌아서 버렸다. 그리하여 소와 나의 마지막 관계는 미라가 되어 외양간에 자빠져서 그 큰 눈을 끄먹거리던 내 소의 눈처럼 슬픈 기억만 남아있다.

눈길을 걸으며

싸르락 싸르락 눈이 내린다. 지난해에는 눈 없는 겨울을 넘겨 새알심 빠진 팥죽처럼 무던히 허전했다. 하늘에서 눈이 펄펄 내리면 사람들은 어째서 좋아할까. 하긴 강아지도 눈 내리는 날엔 깡충깡충 춤을 추는데 혹여 강아지와 사람의 지능과 사념이 동일한 것은 아닐 테지만 좋아하는 행위야 무엇이 다를 것인가. 눈 내리는 밤의 정경을 김광균 시인은 "멀리서 여인의 옷 벗는 소리"라는 명 시구로 표현할 만큼 눈이 내리는 것은 정감이 넘치는 운치 아니던가.

쌓이는 눈을 바라보다가 불현듯 눈길이 걷고 싶어져 북국에 사는 에스키모인들이 쓰는 털모자를 눌러쓰고 겨울 방한

복으로 중무장을 하고 나갔다. 번화한 거리를 피하여 인적이 없는 오솔길을 찾아 걸었다. 누굴 찾아가는 것도 누구와 동행하는 것도 아니다. 그냥 하염없이 걷는다. 내리는 눈을 맞으며 무작정 걷다 보면 잃어버린 나를 얼마쯤이라도 반추해 볼 수 있는 예감이기도 하거니와, 산과 들과 골짜기와 나무들과 시골집 지붕 위에 고즈넉이 쌓인 설경이 흡사 스칸디나비아의 겨울 엽서처럼 아름다운 정경을 읽으며 싸목싸목 걸어 보고 싶기 때문이다.

포근포근 쌓인 눈길에 내 발자국을 남기며 걷는다. 오래지 않아 쌓이는 눈으로 곧장 지워질 것이다. 이 눈길을 걸으며 지나온 내 눈길을 돌이켜 본다.

수많은 사람들이 나를 밟고 지나가고 나 또한 수많은 사람들을 밟고 지나왔을 것이다. 부러지고 아프고 결리고 쓰라린 흔적들이 점점이 각인되어 있을 것이다. 사랑한 발자국, 미운 발자국, 치명상을 찍어준 발자국 하며 숱한 발자국으로 점철된 내 지나온 눈길은 시베리아의 툰드라 깊은 얼음길이었다.

목화송이처럼 함박눈은 내리고 초저녁 어둠이 밀려왔다. 밤인데도 하얀 눈길은 그리 어둡지 않았다. 산아래, 양옥집 창문에 초저녁 등불이 동화처럼 환히 켜지고 슈베르트의 「겨울 나그네」가 함초롬히 겨울밤을 적신다. 저 노래를 사랑하던 여인도 이렇게 쌓인 눈길을 찢어진 가슴을 쥐고 떠나갔었다. 잊힌 얼굴이 눈발에 섞여 다가온다. 그날이 언제라고, 생각해보면 오십 년도 더 지난 모습 아닌가. 아직도 복사꽃 핀 보조개가 어여쁘다. 미친 환영을 뿌리친다. 내 가난의 탓으로 여인을 받아들이지 못한 미천한 용기를 이제 새삼 자책한들 무엇에 쓸 것인가.

'눈이 푹푹 쌓이는 밤, 세상 같은 건 더러워서 버리고 아름다운 나타샤와 응앙응앙 우는 흰 당나귀를 타고 마가리 깊은 산골로 돌아가는' 백석이 아니다. 나의 나타샤는 일찌감치 고조곤히 내린 눈길을 가슴을 쥐어짜며 달려가 버리고 폐허된 가슴만 남은 것을 어찌하랴.

이따금 헛짚은 눈송이가 내 눈에 들어온다, 눈雪물인지 눈물인지 동공을 감아돈다. 내 살아온 서러움과 몸서리친 애증과 미치도록 환장할 그리움과 지독한 고독으로 점철된 발자국을 하얀 눈 위에 뽀드득 뽀드득 찍다 보니 어느덧 우리 아파트가 눈에 잡힌다. 19층 창문에도 불빛이 환하게 새어나온다.

그렇다. 죽으나 사나 그곳이 정나미와 애증이 오롯이 담겨져 나를 부려놓을 공간임을 새삼 터득한다.

집안은 교교하다. 깊은 심해처럼 착 가라앉은 적막이 문을 열자 나를 냉큼 포장한다. 아직도 눈은 내리고, 저 오솔길에 내가 남기고 온 발자국들은 하얗게 지워졌을 게다. 이제 머잖아 내가 걸어온 내 이승 발자국도 그렇게 지워질 것이다.

저리 내리는 눈처럼 수척한 저녁을 가다듬어 내 찌든 인생도 고요히 내려서 하얗게 덮고 싶다.

명상에 대하여

명상이란 "눈을 감고 차분한 마음으로 깊이 생각함."이라고 어학사전에 쓰여 있습니다. 한데 나는 이 나이에 이르도록 그렇게 눈을 감고 무엇을 마음으로 깊이 생각해 본 일이 한 번도 없습니다.

불교에서 말하는 간화선이거나 하안거와 동안거 같은 정신 수양 방법에 해당되는 말씀이 아닌가 느껴집니다. 명상도 하나의 화두를 잡고 그에 관하여 모든 잡념을 물리치고 오직 화두만을 생각하여 깨달음에 이르는 수행하는 자세일 테지만 나는 눈을 감고 조금만 지나면 나도 모르게 어느새 다른 생각, 즉 잡념이 들어와 앉아 있는 것을 발견하게 됩니다. 그러하니 깊이 생각한다는 것은 어림 반푼어치도 없는 공염불이 되고 말아 명상을 제대로 해본 적이 없다는 것입니다.

깊이 생각해 본 것을 굳이 한 가지만을 든다면, 밤 낚시터에 앉아 잔잔한 호수에 북두칠성이 꼬랑지를 물위에 내리고 삼라만상이 고요한 가운데 발광체의 낚시찌만을 한없이 바라보며 나도 없고 너도 없고 세상 모두가 없음에 도달하여 내 나름의 관조의 세계에 머물러 본 기억은 있습니다만 그것이 명상의 경지에 이르렀다고 할 수는 없겠지요.

이제 나이가 들어감에 명상은 못 할망정 다른 사람의 명상이란 어떠한 것인가 알고자 로마제국의 16대 황제인 마르쿠스 아우렐리우스 안토니우스(Marcus Aurelius Antoninus)가 도나우 강변의 진중에서 집필했다는 명상록을 찾아 38가지 명언 중에서 나에게 가장 알맞은 몇 구를 읽었습니다.

– 자연이 예술을 아쉬워하는 일은 결코 없다. 예술은 자연의 복사품이기 때문이다.

– 지금 당장 이 세상과 작별을 고하지 않으면 안 되는 것처럼 남겨진 시간을 뜻밖의 선물로 알고 살아라.

– 삶의 아름다움 속에 머물러라. 하늘의 별을 보고 그들과

함께 흘러가고 있는 당신을 보라.

– 사람이 두려워해야 할 것은 죽음이 아니라 삶을 시작하지 못한 것이다.

꺼져가려는 제 인생에 주시는 마지막 명언같이 마음에 와닿기 때문에 적어 봤습니다. 이렇게 훌륭한 명언을 남기려면 얼마나 많은 시간을 명상에 잠기셨을까를 생각하니 명상이란 게 더더욱 어렵다는 마음이 듭니다.

깨달음이란 꼭 어느 종교의 교리처럼 오랜 기간을 거쳐야 얻어지는, 즉 붓다나 예수처럼 생로병사와 인간의 복음과 사랑과 진리를 터득하기 위하여 일생을 바치는 깨달음도 있겠지만 어느 순간에 깨달아지는 작은 명상으로 얻어지는 깨달음도 있겠지요.

하여 나같이 아둔하고 머리에 든 지식이 없는 사람은 작은 깨달음이라도 얻기 위하여 눈을 감고 명상을 시작 해 보았으나 눈 감은 지 몇 분도 지나지 않아 오만 가지 잡념이 찾아와 오락가락 혼잡을 이루니 무슨 명상의 깨달음을 이루겠습니까.

명상이란 것도 사주팔자나 하늘이 점지해 준 운명을 타고난 사람이나 할 짓이지, 나 같은 똥수저로 태어난 몰골이 넘겨다볼 처지가 아님에 일찌감치 마음을 다스려 먹고 이제까지 살아온 대로 살다 가기로 작정을 했습니다.

게시판에 그림 한 장 남겨두고 하늘나라 가버린 수나야

비 오는 날 우산을 받쳐든 그림 한 장을 학급 게시판에 남겨두고 하늘나라로 가버린 어여쁜 수나야!

서른다섯에 늦게 얻어 그리도 귀엽고 애지중지 눈에 넣어도 아프지 않은 내 새끼 재우야!

그저께 이용원에 가서 머리를 자르고 와서 그 귀여운 모습을 자랑하던 귀염둥이 수영아!

어머니는 암으로 저세상에 가시고 아버지는 가출하여, 취로사업을 다니며 벌어 오시는 할머니의 가난한 손에 가엾게 자란 재혁아!

그 토실토실 예쁘고 귀여운 기현이 나현이 그리고 초롱초

롱하던 이쁜 쌍둥이 공주님 자매야!

세라, 송이, 찬영아…….

경기도 화성군 서신면 백미리 궁평마을 '씨랜드회 청소년 수련의 집'으로 수련회에 갔다가 화재 참사를 당한 어린싹들.

그날이 하필이면 수많은 사람이 떼죽음을 당한 삼풍백화점 붕괴 참사 4주년 되는 날, 새벽에 이 세상에 태어나 한 번 피어보지도 못한 일곱 살 난 어린 꽃봉오리들이 뜨거운 화마의 불길 속에 져버린 귀한 생명들이여!

얼마나 뜨거웠느냐?

얼마나 무서웠더냐?

아무리 둘러보아도 인솔 교사는 보이지 않고 목이 터져라. 소리소리 지르며 그 작고 앙증맞은 고사리손으로, 얼마나 허우적거렸을 것이며, 엄마 아빠 선생님을 그 얼마나 애타게 부르면서 또 얼마나 발버둥쳤을 것이더냐.

아침 밥상을 차려놓고 TV를 보시던 네 할머니는 밥숟갈을 던져두고 "세상에, 이럴 수가. 아이고, 어쩔거나. 저 불쌍한 내 강아지들."을 연방 되뇌다가 너무나 떨려서 못 보겠노라고 텔레비전을 끄시더니, 일 분도 못 되어 또다시 켜고 끄기를 뉴스가 끝날 때까지 코 눈물을 훌쩍거리셨단다.

이 세상에 태어나 아직 때도 묻지 않은 노랑 병아리 같은 일곱 살배기 유치원 어린 새싹들이 전생에 어떤 죄를 지었기에 이토록 생지옥의 아비규환을 만들어 스물셋의 고귀한 생명을 앗아갔단 말이냐?

죽을죄를 지은 어른은 죽지 않고 어린 고운 새싹을 삼켜버리도록 만들어 놓은 몹쓸 사람의 인재人災 앞에 무릎을 꿇고 백배사죄를 드린다 한들 감히 혀를 놀려 말을 꺼낼 수가 없구나. 이 시대의 어른 모두가 고개를 들 수 없는 죄인이기에 살아 있는 어른의 죗값으로 묶은 마음의 꽃다발을 가슴 속 참회의 눈물로 올리나니 부디 하늘나라에 가서 곱고 아름다운 천사가 되어 영원히 훨훨 살아가거라.

하늘에 계신 하느님이시여, 그리고 천지에 가득한 붓다님이시여, 이 겨레의 조상님들이시여, 천지신명이시여, 무엇이 어떻게 어디서부터 잘못되었는지 한 번만 가르쳐 주십시오. 제발, 제발.

소리

모든 동물은 소리에 매우 민감하다. 요즘 어떤 실험에서는 식물도 소리에 민감하다는 연구 결과를 발표하는 걸 보면 동식물 할 것 없이 모두 소리에 민감하다고 할 수 있다. 그런데 불행하게도 소리를 잃어버린 사람이 있는데, 그를 귀머거리라고 부른다.

이 세상을 살아가는 데 청각이 아주 귀중한 역할을 함은 두말할 필요가 없다. 그 청각을 잃어버린 사람의 고통이야말로 표현하기 어려울 만큼 괴로운 것인데 어쩌다 내가 그 청각을 잃어버린 귀머거리가 되었다. 더구나 시를 끼적거리는 처지에 소리를 잃어버려 글쓰는 데 몹시 어려움이 많았다.

다행히 보청기라는 것이 나와서 그걸 귓속에 끼우고 다니면 웬만한 소리는 알아들을 수가 있지만, 아직 인간의 기술이 완벽한 청각 재생의 경지까지는 이르지 못했다. 시중에서 판매되는 독일제 보청기를 끼워도 조용한 장소나 좁은 실내 같은 곳에서는 그런대로 무난하게 들을 수 있지만 조금 거리가 멀거나 많은 사람이 웅성대는 식당이나 대합실 같은 곳에서는 무용지물이 되어버린다. 즉 많은 소리를 걸러내는 기술이 거기에 이르지 못한 실정인 게다.

그러하니 식당에 가서도 앞에 앉은 사람이 나에게 무슨 말을 하는데 무슨 말인지 알아들을 수가 없다. 그렇다고 여러 사람 앞에서 안 들리니 크게 말하라고 할 수도 없는 노릇이다. 상대방은 열심히 이야기하는데 안 들리니 그만하라고 할 수도 없는 입장이라 그냥 알아들은 척 미소만 지어 줄 수밖에 없다. 바보 천치 병신이 되는 딱한 실정이다.

그나마 이 보청기란 것이 내 상전이 되어 관리하는 게 보통 까다로운 게 아니다. 수시로 배터리를 갈아끼워 줘야 하고 잠잘 때나 세수할 때 또는 목욕할 때는 빼놓아야 한다. 잘못하면 어디에서 빠졌는지도 모르게 빠져서 느닷없이 귀머거리 벙어리가 되는가 하면 그걸 찾느라 온 집안 식구들이 야단법석을 떨어야 하는 수고를 끼치기도 하는 애물단지다.

일전에 어느 보청기 회사 직원이 청각 장애인 증명을 하게 되면 정부에서 무료로 보청기를 준다고 하여 장애인 증명을 하기 위해 지정된 병원, 즉 이비인후과에 세 차례나 청력 검사를 하러 갔다.

검사는 독방 같은 좁은 장소에 앉혀 놓고 양쪽 귀에 리시버를 씌운 뒤, 밖에서 신호 소리를 보내어 들리면 버튼을 누르는 식이었다. 이것 때문에 나는 양심과 어려운 싸움을 하게 되어 나를 괴롭게 하였다. 작고 가는 소리가 들리는데 버튼을 눌러야 할까 누르지 말아야 할까, 참으로 양심에 갈등을 유발하는 괴로운 심정을 겪어야 했다.

누르자니 장애인이 되지 않을 것이고, 안 누르면 양심이 쭈뼛거린다. 그리 갈등을 빚다가 '에라 모르겠다, 내가 여기 장애인 증명을 하러 왔으니 눈 딱 감고 누르지 말자.'로 감정을 잡아 억누르는 비참한 짓거리를 세 차례나 해야 했다.

그 결과 몇 달 후에 청각(청력)이 심하지 않은 장애라는 '장애정도 결정서' 통보를 받았다. 정부에서 백만 원짜리 보청기를 해 주는데 한쪽만 만들어 주고, 오 년 뒤에 또 한쪽을 해 준다고 한다. 내가 내는 비용은 보청기값 십만 원, 병원비 이십만 원을 합하여 삼십만 원이 들어갔다. 공연히 양심을 속이면서까지 한 게 이것인가 싶어 헛지랄을 한 것 같아 후회스러웠다.

며칠 전, 출근하는데 화단에 있는 여름 나무들이 새파란 잎을 반짝이며 숲을 이뤄 싱그러운데 어디선가 왕매미 울음소리가 귀청을 찢는다. 아, 이런 재변이라니. 보청기가 따라서 고막을 찢는 게 아닌가. 말매미 우는 소리에 보청기가 지글지글 끓는다. 왕매미 소리는 약 4-16 KHz 범위에 있으며 중심주파수로는 주로 5-7 KHz 정도라고 한다. 열 마리의 수컷 왕매미 소리를 측정한 결과 1M 거리로 환산한 값이 80.5dB로 이 정도면 사람에게는 아주 고통스럽게 하는 소리라고 한다.

오늘 낮에 우리 집 아파트 방충망에 왕매미 한 마리가 붙어 있다. 여름 연미복을 잘 차려 입은 수컷 왕매미다. 하도 크기에 재어 보니 7cm가 넘는다. 아이들에게 왜 매미가 여기 붙어 있느냐고 물으니 그 녀석도 까치를 피해 숨은 거란다.

우리 아파트에는 까치가 왕이다. 고양이도 그 녀석에게는 꼼짝을 못 할 정도로 힘이 세다. 요즘 까치는 영악해져서 매미가 울면 그 소리를 찾아 잡아먹기 때문에 울지도 못하고 숨어서 잠깐 울고 자리를 바꾼다고 한다.

어쩐지 다른 해에 비해 매미 우는 소리가 뜸하더라니. 그 까치 덕택에 요즘 내 보청기가 지글지글 끓는 수난을 덜 당하여 소리를 제대로 듣는다.

지팡이 이야기

팔자에 없는 지팡이를 짚게 되었다. 부모님이 지어 주신 발가락을 잘 간수하지 못하여 새끼발가락 하나를 절단해야 하는 수술을 받게 된 것이다. 보행에 어려움은 말할 것도 없을뿐더러 수술 이후 상처의 치유 기간에는 휠체어나 지팡이에 의지할 수밖에 다른 도리가 없는 상황에 이른 탓이다. 말이 그렇지, 사람의 체면과 위신과 자존심을 팽개치고 어떻게 지팡이를 짚는단 말인가? 두 팔을 홰홰 내저으며 한사코 거절하였으나 아내와 아이들의 강권에 못 이겨 어설프게 승낙 같은 걸 하였더니 막내딸이 플라스틱 지팡이를 가져다 준다.

지팡이는 "걸을 때나 서 있을 때 몸을 의지하기 위하여 짚는 작대기"라고 어학사전에 기록되어 있다. 백과사전에는 "가늘고 긴 도구로 손에 지닐 수 있는 사람의 제3의 다리가 되어 노인이나 장애인 등 걷기 힘든 사람들이 자주 이용한다. 사람의 다리 길이 정도로 나무를 깎아 만들어지는 경우가 많지만 드물게 상아나 금속으로 만들어지는 경우도 있다."라고 쓰여 있다. 하기야 일제강점기 시절에 '금테 매가네 쓰고 개화장 짚고 금줄 달린 회중시계를 차고 맥고모자를 둘러써야' 선사라고 했는데, 여기에 들어 있는 물건 중 신사 반열에 오르기도 한 물건이 지팡이였다.

억지 춘향으로 지팡이를 짚어야 할 처지여서 막내가 가져다준 지팡이를 만지작거리다가 지팡이 종류가 얼마나 되나 알아봤다. 참 많기도 하다. 우선 내가 짚는 노인 지팡이, 의료용 지팡이, 4발 지팡이, 등산 스틱, 다이소 지팡이, 은행나무나 괴목 나무로 만드는 장수 지팡이, 청려장, 주장자, 감태나무 지팡이, 마키라이프테크 플라워 고급 지팡이, 정일우 배우가 짚은 파소티 골드 지팡이, 브래지어 우던 등 그 종류가 수없이 많다.

서양 쪽으로는 성경에 모세가 짚은 하나님의 지팡이와 주교가 짚는 지팡이도 있다. 모든 지팡이마다 가진 특질과 성능이 다양하겠으나 특별한 관심을 가는 지팡이가 있어서 이것저것 찾아보았다.

명아주 지팡이는 우리나라 전 지역의 밭이나 길가 빈터 등지에 흔하게 자라는 한해살이풀로 만드는 것이다. 주장자는 해풍을 오래 쐰 나무로 만들고, 고급 지팡이는 0.32kg의 알루미늄 재질이란다. 문제는 감태나무 지팡이다. 감태나무는 내가 사는 전라도 야산 어디에나 흔하게 사는 나무다. 겨우내 잎이 지지 않고 이른봄에 새순이 나면 그때야 묵은 잎을 떨쳐내는 모성애가 강한 나무이다. 어떤 사람은 이 세상의 약과 의사를 전부 합쳐도 감태나무 한 그루만 못하다는 나무라고 한다. 그런데 그렇게 흔하다는 감태나무를 여태껏 모르고 살았으니 이건 말이 아니다. 더구나 명색이 내 고장의 풍물과 숨겨진 이야기와 산천초목을 끄집어내어 시라는 글로 써 보겠다는 위인 짝이 아니던가? 한데 그리도 소중한 감태나무를 몰랐다? 그렇다면 이제까지 내가 쓴 시는 모두가 시도 아니지 않은가. 이런 미치고 환장할 노릇이 어디 있단 말인가. 훌훌 뛰다 죽을 일이다. 감태나무에 진심으로 미안하다.

언젠가 진동규 시인의 시집 《아리아리 하늘 메아리》에서 "감태나무 지팡이는 누가 놓고 갔는가"라는 구절과 그 시의 평설을 쓴 우한용 시인의 감태나무에 관한 글이 얼핏 스쳐간 기억이 떠오른다.

"눈이 내린다 감태나무야."

이 첫 구절을 보고 무릎을 쳤다는 우한용 시인. 주변 나무들은 상록수 빼고는 전부 나뭇잎이 지는데, 유독 잎을 떨구지 않고 있다가 새순이 작은 가지 끝마다 참새 부리 같은 잎눈이 나오면 자리를 비켜주고 잎을 떨군다는 감태나무의 사랑 이야기. "겨울에 싸락눈이라도 올라치면 잎에 눈 알갱이 떨어지는 소리가 양철지붕이 소나기 만난 것 같다"라고 했는데, 그 감태나무로 지팡이를 만들어 짚었다니. 이제 저승 갈 날이 얼마 남지 않은 지금, 발가락 하나를 자르고서야 감태나무 지팡이를 알게 되다니.

> 눈이 내린다 감태나무야/ 건넛산 흰 눈을 이고 있는 봉우리/ 먼바다의 아기 새우였을까/ 천만 년 빙하가 할퀴고 할퀴며/ 처음의 하늘을 열던 울음소리가 아니냐/ 눈비 바람 안개속/ 일고 스러지는 눈발/ 감태나무 지팡이는 누가 놓고 갔는가.

진동규 시인의 시「감태나무」 전문이다. 청진기를 목에 건 의사나 간호사들에게는 그까짓 지팡이쯤이야 그보다 흉하고 무서운 일을 매일 치르는 것에 아무 일도 아니겠지만, 병원에 오고 가는 사람들이 무심한 척 흘깃거리는 눈초리와 어쩌다 그리되었냐고 자상스럽게 물어주시는 할머니들의 동정 섞인 말씀은 거역스러웠다. 하루 보내기가 십 년만큼 지루했다.

폭폭하던 병상에서 나온 지 달포가 지나간다.

"저 친구 저것도 버렸구먼. 버렸어! 이제 다되었네! 지팡이까지 짚었는걸."

"글쎄, 세 발로 걷는구먼. 때깨오도 옛말이네. 이제 한물갔구먼. 허허 세월 참 빨라."

글을 쓰는 동료나 후배 문인들이 보이지 않는 곳에서 수군거리는 소리다. 얼굴이 화끈거리고 속에서 불덩어리가 솟아오른다.

그렇다고 멱살잡이할 수도 없잖은가? 속으로 삼키는 분노는 드디어 다리가 부러지고 허리가 끊어져도 지팡이는 버리기로 할 수밖에. 아무리 좋은 황금 지팡이나 전라도의 정서가 깊이 새겨진 진동규 시인의 감태나무 지팡이를 준다 해도 이제 다시는 지팡이를 짚지 않기로 했더니 넘어지고 넉장거리하기 좋게 하늘에선 섣달그믐 떡가루 같은 눈이 내린다.

금줄

참봉 마나님인 조모님은 대문간에 금줄을 자주 치셨다. 달력이 없어도 칠석 백중 처서 한로 같은 날을 기막히게 잘 아신다. 아주 단아하고 기품이 넘치는 조모님은 꼿꼿한 성품에 청간스럽고 음식 솜씨도 뛰어나며 가끔 삐치기도 잘하신다.

사내아이가 태어나면 붉은 고추와 숯을 왼쪽으로 꼰 새끼줄에 꽂아 대문간에 여섯 이레를 걸고, 여자아이는 푸른 청솔가지와 숯덩이를 꽂아 친 금줄을 세이레 만에 걷었다

고조부모님을 비롯하여 줄줄이 이어진 제삿날이나 고사를 지내는 날에는 바깥 큰 대문에서부터 오십 보쯤 되는 안대문까지 황토를 파다 깔았다.

목욕탕에 물 채우는 것과 목욕탕 아궁이에 불 지피는 건 아이들 차지였는데 불이 잘 들지 않으면 냉갈에 눈알이 빠지게 아팠다. 열 길이 넘는 도르래 시암 물을 퍼내고 우물 밑에 내려가서 바닥을 말끔히 치우고 화장실도 유산동과 생석회를 뿌렸다.

제사나 고사 때에는 여러 개 크고 작은 떡시루를 찐다. 과수원원두막, 과일창고, 곡간, 우물, 석류나무 아래 정화수 자리까지 떡시루를 놓는다.

원두막에 갖다 놓은 떡시루는 장정 서너 명이 먹을 양인데 누가 훔쳐 가는지 시루는 한 번도 돌아오지 않았다.

그 때문에 조모님은 시루를 다시 사야 하고 며느리는 이제 그만하자고 하지만 그것도 적선이라고 하셨다.

고사 날이나 제삿날에는 머슴들도 깨끗한 옷으로 갈아입고 새끼로 만든 금줄을 쳐야 한다.

무쇠 솥뚜껑을 뒤집은 번철에 음식을 만드느라 숯내를 맡으신 조모님은 머리에 하얀 띠를 두르고 변두통을 앓으셨다.

제사상에는 천하없어도 간조기와 조개 팽이에 쇠고기를 다져 넣고 번철에 지진 음식이 꼭 올라가야 한다.

과수원 앞에 조모님이 남새를 기르시는 텃밭은 무 배추 토란 당근 장다리꽃 상추 쑥갓 온갖 채소가 나오는 출입 금지

구역이다.

그 몹쓸 유월 전쟁이 터져 두 아들 데려가고 맏손자마저 데려가서 얻은 가슴애피를 피눈물과 함께 밭고랑에 심으셨다.

부엉이가 우는 깊은 밤, 벽장 안에 모신 부처님 앞에 엎드려 텃밭에 심어놓은 피눈물과 가슴애피를 한 이랑씩 꺼내다 속울음 우시는 어깨가 참 가냘팠다.

가세가 기울어지면서 과수원이 날아가 버리고 갈 곳 없어 헤매다가 할머니는 금줄도 칠 수 없는 화산 땅 경천저수지 위 묵정밭에 누우셨다.

밀감이 드시고 싶다는 마지막 말씀을 좇아 시장과 과일가게를 뒤져봤으나 개구리가 알을 까는 경칩 무렵이라 구할 도리가 없어 끝내 밀감을 못 들고 눈감으셨다.

그게 한스럽고, 크나큰 죄를 지은 것 같아 나는 시방도 감귤을 잘 먹지 못한다.

혀

내가 사는 전라도에선 혀를 '서'라고 한다. '오사 서 빼죽일 년' '셋바닥' '셋바닥 빼물고' '셋바닥을 깨물고' 등 이런 '서' 돌림에 '중서'라는 게 있다. 그건 '중혀'라는 말인데 혀밑에 돌기가 자라나는 것을 말한다. 의학적 용어로는 하마종이라 한다.

일곱 살 때 혀밑에 무엇이 자라나는 '중서 병'에 걸려 아버지를 따라 이십 리를 걸어 읍내 병원에 갔다. 병원이라는 곳은 난생처음이다. 우리 집과는 전혀 다른 서양식 건물의 문을 열고 들어가니 소독약 냄새가 코를 찔러 비위가 상했다.

하얀 옷을 입고 늘씬하고 어여쁜 아가씨가 두 사람이나 왔다갔다하면서 친절하고 상냥한 말씨로 안내를 하는데 내 곁을 스칠 적마다 우리 집 뒤꼍에 자라는 박하 냄새 같은 상큼한 냄새가 설핏설핏 코에 스며들어 왔다.

커다란 회전의자에 푹 빠진 듯 앉아 있던 중년 의사가 하얀 가운을 걸치고 이마에 번쩍거리는 거울을 비춰 입속을 눌러 보고 입을 벌려 납작한 쇠 막대기로 입안을 뒤적거리더니 목에 건 청진기로 이곳저곳을 눌러 진찰을 한다. 그러더니 무슨 약인지 톡 쏘는 냄새가 지독한 것을 입안에 뿌리고는 간호사를 시켜 엉덩이에 주사를 놓게 했다. 아무리 어리기로서니 나도 남잔데 젊은 여자에게 엉덩이를 까내리는 게 부끄러웠다.

다음 날도 또 다음 날도 중서는 자라나고 음식을 넘길 수가 없었다. 병원 치료가 전혀 효과가 없자, 앞집 할머니가 제내리 포강 옆 외딴집에 사는 침쟁이가 중서를 잘 고친다고 소문이 났다 하여 아버지를 따라 아침 일찍 찾아갔다. 논두렁 밭두렁을 걸어가자니 풀잎에 맺힌 아침 이슬에 운동화가 축축하고 후줄근하게 흠씬 젖었다.

침쟁이 집은 제내리 방죽 옆에 조그만 오막살이로 집 뒤에는 대나무가 울창하게 숲을 이루고, 집 앞으로는 조그만 개울 물이 졸졸 흐르고 있었다. 납작한 사립문 앞에서 주인을 찾으니 긴 머리가 엉덩이까지 내린 처녀가 나오더니 "아버님이 요 앞 논에 물꼬를 보러 가셨승게 곧 오실 거고만요. 우선 여기 대나무 평상에 앉아 기다리셔요." 하고는 부엌으로 들어간다.

논에 물꼬를 보고 오는 영감은 홑중우 바짓가랑이를 짝짝이로 말아올리고 삽자루를 들고 오는 모양이 의원 같지 않아 보였다. 어린 소견으로 저 영감이 치료할 수 있을 것 같지 않아 심란한 표정을 짓고 앉아있는 나를 흘깃 보더니,

"중서 걸렸냐? 나 아침 먹어야 헝게 쪼깨 지둘러." 하고는 찬물에 보리밥 한 사발을 먹기 시작했다. 다 먹고 난 후에도 조끼 주머니에서 담배쌈지를 꺼내어 곰방대에 채곡채곡 쟁이더니 부싯돌을 탁탁 쳐 쑥잎에 불을 붙여 홀쭉한 입으로 담배 한 대를 다 피우고 나서야 "어디 보자." 하면서 내 입을 벌려 혀밑을 뒤적거렸다. "중서가 자랐구먼. 쯧쯧." 하고는 여기저기 침을 놓는가 하면 그 아픈 곳에도 찌르는지 눈물이 찔끔 나오도록 아파 울었다.

나는 속으로 '오사 서 빼 죽을 놈의 영감탱이'라고 욕을 했다. 아버지가 침값을 주려 하니 "돈은 무신 돈, 그까짓 침 한 방 꽂고 돈은 무신 돈 어여 가시게." 하시고는 방문을 열고 들어가 버린다.

집에 와 피곤하여 낮잠을 늘어지게 대여섯 시간을 자고 일어나 무의식중에 하품을 했는데 입안이 아무렇지 않게 멀쩡

했다. 하, 이런 재변이라니! 혀밑에 나온 중서의 통증이 가라앉은 것이다.

이제 괜찮냐고 물으시는 어머니에게 "그 영감님이 귀신인개벼."라고 크게 소리를 쳤다.

아득하여라, 내 고향이

내 고향은 산과 들과 논다랑이와 공동묘지와 신작로가 그렇고 그런 전라북도 완주군 초포면 우방리 백동栢洞마을 과수원이다. 전주 북문거리에서 봉동 가는 쪽으로 나서면 번데기 삶는 냄새가 회를 동하게 하는 제사공장이 나온다. 그곳을 지나 반대미 철로 건널목을 넘으면 붉은 벽돌담이 둘러쳐진 형무소가 서 있고, 그 형무소 정문 앞에 명지골 귀환 동포들이 봉지 쌀을 사가던 안 씨네 싸전이 있다. 그곳을 지나 모래내다리를 건너 산비탈에 집들이 옹기종기 붙어있는 모래내 고개를 올라가면 도청 과장하던 내 친구 임재식이 집이 나오고, 그 앞엔 우리도 나락을 빻아가는 메가리간이 나온다. 조금 얕아진 고개를 내리면 아이들이 똥통학교라고 놀려대는 역사와 전통에 빛나는 전주농림고등학교가 우뚝 서 있다. 학교 좌편엔 신방죽이 있어서 동네 이름도 신방죽거리다. 조금 가파른 신방죽고개를 넘으면 우측으론 아름드리 소나무 숲이고, 좌측으론 무진장 넓은 전주 공동묘지다. 그 공동묘지 관리인은 우리 집과도 세교가 있는 집이어서 명절 때면 여러 가지 물건을 가지고 왔으나 할머니는 별로 반가워하시지 않았다. 그 소나무 숲에 서서 멀리 보면 그림같이 아름답게 보이는 과수원이 우리 집이다. 푸른 과수들이 넓게 펼쳐진 한가운데 날아갈 듯 기와집이 들어서 있는 모습이 흡사 그림엽서 그림 같다.

전주에서 봉동 고산 운주 금산을 거쳐 대전으로 하여 서울을 지나 함경도까지 이르는 국도 선이다. 그 신작로에서 우리 과수원을 들어오는 꺾어진 모퉁이에 판매 목적으로 지었던 집은 쓸모가 없어 내줬더니 막걸릿집 하는 봉춘네가 살고 있고, 과수원 서쪽 능금나무밭 옆으로 올라가면 아리랑고개가 나온다. 소설쟁이 이병천이 모래내에 살던 어린 시절, 우리 사과밭에 개구멍을 뚫고 몰래 들어가 능금을 훔쳤는데 길자란 년에게 세 알이나 빼앗겼다고 억울해 한 고개다.

신작로에서 약 30미터쯤 들어가면 과수원의 큰 대문(바깥

대문)이 나온다. 대문을 들어서면 왼쪽으론 목침만 한 금촌추(金村秋-이마무라) 배가 열린 배밭이고 오른쪽엔 두레박샘이 있는 초가에 우리 머슴 현태아범 김 서방이 사는 집이다, 배밭 길을 약 20미터쯤 가면 안대문이다.

안대문을 들어서면 큰 마당 우측의 행랑채에는 소와 말의 외양간과 그 옆으로 머슴들 자는 사랑방, 그 옆에 곡식 창고가 있고, 곁에 붙은 목욕탕은 불이 잘 들지 않아 우리들의 눈알이 빠지도록 냉갈이 심했다(목욕탕 물을 채우고 데우는 것은 아이들 차지였다). 좌측엔 열 길도 넘게 깊은 도르래 시암과 장광이 있고, 마당 맞은편엔 안채, 안채 옆으로 커다란 과실 창고가 우람하게 서 있다. 그 앞에 오래된 석류나무가 서 있는데 우리 할머니가 아침저녁으로 정화수를 갈아 놓으시고 치성드리는 제단이 그 아래 차려져 있다. 안채 뒤로는 여름날 더위를 피해 내가 낮잠 자는 작은 과실 창고가 있고, 그 뒤로 측간이 있다.

안채는 5칸 전후 겹집으로 된 기와집이다. 어른이 주무시는 안방과 식사하는 식당방 그리고 할머니 방과 아이들 방, 뒤에 붙은 골방, 방과 방 사이의 대청과 우리 아이들이 건너갈 적엔 뒷발을 들고 앞발로만 걸어야 하는 큰 마루 옆으로 난간처럼 붙은 툇마루가 집 양 옆에 길게 붙어있다. 주근깨가

다닥다닥 붙은 순섭이가 밥하고 요리하는 부엌과 찬방이 제일 뒤에 배치된 가옥 구조였다.

부엌 뒤쪽으로는 봄이면 하얀 신부 차림으로 꽃을 피우는 옥 매화가 환했다. 그 옆 언덕으로 오르는 계단을 따라오르면 과수원이다. 과수원길을 약 35미터쯤 올라가면 높이 솟은 원두막인데, 사다리를 타고 오르면 장정 십여 명은 족히 앉을 수 있는 마루에 조망이 좋아 확 트인 전경이 펼쳐졌다. 과수원에 손님이 오시면 으레 모시는 곳이고, 일하는 분들이 점심시간에 주무시거나 앉아서 피로를 푸는 곳이다.

유월 전쟁 때는 비행기 폭격과 기총 소사하는 걸 낱낱이 보았다. 전주 시내와 용산다리를 폭격하는 장면을 똑똑히 볼 수 있었다. 전주 시내의 주유소가 불타는 건 이틀이나 삼일 정도 탈 때도 있는데 드럼통이 터질 때마다 하늘로 동그라미 연기가 올라가 오륜기를 그리는 것 같았다. 용산다리 폭격은 B-29가 높이 떠서 하는데 비행기에서 쏟아지는 포탄이 꼭 염소 똥싸는 것처럼 망울망울 한참 동안 떨어졌다.

원두막을 중심으로 서편 신작로 쪽으로는 복숭아밭이다. 미인 얼굴처럼 희고 볼그족족한 뺨에 물이 많고 단맛이 일품인 수밀도(스밋도)와 조생종 복숭아 같은 여러 품종이 약 700주 정도 식재되어 있다. 봄이 오면 복사꽃이 만개하여 꽃 대궐을 이루며 황홀한 경관을 연출한다. 호랑나비를 비롯한 각 종 나비들이 날아오고 벌들이 꽃술에 붙어 꿀을 따느라 윙윙거린다. 이곳은 내가 어린 시절, 복사꽃 핀 제일 깊은 구석에 쪼그리고 앉아 아무 이유 없이 울던 곳이기도 하다. 내 은사이신 신석정 시인님과 동시를 쓰시는 최승렬 시인님을 만나 뵙게 된 곳도 바로 그 복사꽃 아래에서다.

복상(복숭아)밭 위로 아사히, 홍옥, 국광 종류의 능금나무가 약 500주 정도 심겨졌는데, 소설가 이병천이 사과를 훔친 바로 그 능금밭이다. 아리랑고개를 넘나드는 행길 가에 빨간 사과가 알알이 매달려서 햇살에 빤짝이면 길 가던 사람들이 군침을 삼킬 만하였을 것이다. 그리고 나머지 북쪽에서부터 동쪽의 저지대와 남쪽으론 전부 조지루(長十郎), 이마무라(今村秋), 만상(晩三吉) 같은 이름의 배나무가 1200주 정도 식재되어 있다. 배꽃이 하얗게 피면 과수원 하늘이 온통 하얀 꽃구름 밭이다. 신석정 시인님은 아예 저고리를 벗고 덩실덩실 춤을 추실 정도로 화사한 곳이었다. 포도나무는 울타리 밖 논이 있는 저지대에 사탕 포도와 켐벨어리와 청포도가 30주 정도였으나 당시는 포도가 상품성이 없는 시대여서 별로 신경 쓰지 않았다.

포도와 마찬가지로 그 넓은 과수원 울타리에 빙 돌아가며 심겨져 있는 수시 먹시 대봉시 등 이름도 모르는 감나무가 수백 그루 있었으나 그 시절엔 집집마다 감나무가 흔한 시절이라 감은 상품성이 없어 감을 수확하여 팔아본 일이 없다. 감나무는 거름을 주지 않으면 해거리를 할 뿐만 아니라 빨리 고목이 된다. 관심을 주지 않으니 열리는 것도 시원찮은 나무가 대다수였다. 감이 익을 무렵, 집사 아저씨가 아침 일찍 과일바구니를 들고 울타리를 한 바퀴 돌면서 홍시 떨어진 것을 한 바구니 가득 담아온다. 그러면 과수원 식구들이 나누어 먹었는데, 내 아우 녀석 중엔 홍시를 많이 먹고 변이 나오질 않아서 어머니가 엉덩이를 세워놓고 파내기도 하는 귀여운 장면을 연출하기도 했다. 그렇다면 그 많은 감을 어떻게 처리하였을까? 지금 생각하니 감이 익을 때쯤 되면 감 장수가 찾아와 그 사람에게 도매금으로 넘겨 버린 것 같은 기억이 어렴풋이 떠오른다. 실상인즉 우리는 학업 문제로 전주 집에서 학교를 다니며 생활하였고, 토요일 오후나 일요일 오전, 방학 때 과수원에 가서 실컷 먹는 일밖에 없어서 과수원 농사와 경영에 관하여 세세한 것은 알지 못하는 탓이다.

포도밭 아래 약 사백 평쯤 되는 남새밭은 별도로 울타리가 쳐져 있었다. 그곳은 할머니의 채마밭으로 할머니 허락 없이는 아무도 들어갈 수 없는 치외법권 영역이었다. 과수원 일이 아무리 바빠도 인부 몇 내라 하시면 그래야 하는 권력을 할머니는 쥐고 계셨기 때문이다. 그 텃밭에서 장다리꽃 오이 호박 가지 토란 생강 고추 시금치 쑥갓 미나리 상추 단무지 무 개똥참외 파 마늘 할 것 없이 갖가지 채소와 나물을 만들어 내는 기묘한 요술을 부리셨다. 가을이면 우리 식구와 머슴들과 손님까지 거의 서른 명 가까이 되는 식솔들이 먹을 김장을 했다. 할머니의 채마밭에서 조달되는 배추는 알차고 맛도 좋았다.

안대문을 나와 둔덕 아래로 땅이 꺼진 곳에는 현대아범이 산다. 그 초가집 문앞으로 언제나 시냇물이 졸졸 흐르는 문전옥토 서른 마지기의 논이 있다. 벼 이삭이 너무 무거워 쓰러질 정도로 벼농사가 잘되는 논이다. 과수원 수입과 비교해 논농사의 수입은 별것 아니었으나 많은 식솔의 식량에 보태기 위해서 경작하는 논이다. 여름엔 우렁이나 새우를 잡고 가을에 벼를 베고 나면 도랑 친 물꼬마다 송사리와 미꾸라지, 새우 같은 민물고기가 고물고물 모여 있었다. 한 물꼬에서 거의 한 바께쓰씩을 잡아다가 시래기를 넣고 고추장을 풀어 끓이면 동네 잔치가 되었다.

백동리 마을 앞으로 조금 올라가면 공동 산 화장터 밑에 열댓 마지기의 고래실 논이 있다. 그곳엔 인적이 없어서 그런지 유달리 참새가 많이 날아와 나락을 까먹는다. 여름방학이 되면 과수원에 내려온 우리더러 새를 보러 가라 한다. 안 가려고 뺀질거리는 놈들을 위해 부모님은 새막을 크고 높게 지어 놓았다. 식모를 시켜 단수숫대와 누룽지를 한 보퉁이 싸준다. 도살장에 끌려가는 황소처럼 억지로 논에 가서는 새떼가 와서 나락을 먹든 말든 아랑곳하지 않고 메뚜기나 방아깨비 같은 걸 잡으며 놀았다. 하루는 공동묘지에 땅 차가 부르릉거리며 고랑을 길게 파더니 지리산인가 회문산인가에서 잡아 온 죄수들을 기관총과 소총을 쏴서 죽였다. 느닷없는 총소리가 골짝을 울리고 건지산이 놀라 자빠졌다. 우리는 기절초풍하여 단수수고 누룽지고 다 팽개치고 집으로 달려와서 다시는 새를 보러 가지 않았다.

아리랑고개를 넘어 과수원 뒤쪽으로 가면 불탐리고개가 나온다. 그 고개 아래로 붙은 닷 마지기 천수답과 황토밭 서 마지기가 있다. 가뭄이 들어 비가 오지 않을 때는 발로 구르는 물자새를 놓고 논 아래 해골방죽에서 물을 퍼올려 벼농사를 지었다. 토질이 나빠 소출은 앞 논의 반절 정도밖에 되지 않았다. 그 옆에 딸린 황토배기 밭엔 보리를 갈았는데 보리잎이 바람에 쓸리며 나부끼는 것이 보기가 참 좋았다.

하루는 태풍에 쓰러진 보리를 베라며 황새목낫 두 자루와 새끼줄을 준다. 미치고 환장할 노릇이다. 그날따라 시내에서 친구들과 만나기로 약속을 했는데. 그러나 어쩌랴. 형과 나는 보리를 몇 주먹 베었는데 태풍에 쓰러져도 한 방향으로 쓰러진 게 아니고 이리저리 흩어져 넘어진 보리 베기란 평생 낫 한 번 안 잡아본 우리에겐 너무도 벅찬 무리였다. 얼마 되지 않아 땡볕에 땀이 흘러 눈으로 들어가 쓰리고, 허리도 아프고, 목도 타고 껄끄러웠다. 에라, 모르겠다! 낫과 새끼줄을 그 자리에 동댕이쳐 놓고 마침 지나가는 전주행 버스에 올라타 시내로 뺑소니쳐버렸다.

유월 전쟁을 중학교 때 겪었는데 당시는 모든 물자가 부족하여 아이들이 놀 때에도 탄피나 탄알 같은 것을 많이 가지고 놀았다, 길거리든 쓰레기장이든 탄피는 시글시글 널렸었다. 탄피에 싫증을 느낀 형과 나는 실제로 총알이 발사되는 총을 가지고 싶어 했다. 공교롭게도 과수나무의 퇴비용으로 시내에서 쓰레기를 싣고 오는 김 서방 머슴 아저씨가 개머리판이 없는 일제 99식 장총을 쓰레기더미 속에 같이 싣고 왔다. 그 총을 꺼내든 형과 나는 폴짝폴짝 뛰도록 좋아했고 가슴이 설레고 또 두렵기도 하였다. 그런데 문제가 발생했다. 총의 기능 중에서 가장 중요한 노리쇠가 없는 것이다. 노리쇠가 없으니 총알을 쏠 수 없는 쇠 작대기에 불과했다. 그런데 형이 어디에서 38식 장총 노리쇠를 가져왔다. 일본식 장총 38식과 99식은 서로 비슷하지만 다르다. 노리쇠가 커서 들어가질 않았다. 형과 나는 그 추운 겨울에 쇠뭉치를 외투 속에 감춰서 과수원 옆길 건너 건지산 깊은 곳에 들어가 쇠줄과 사포 등으로 깎고 문지르고 손에서 피가 나오도록 며칠을 다듬어 결합에 성공하였다. 실탄을 장전하여 쏴봤더니 꽝하고 나갔다. 행여 들킬세라, 산울림이 메아리치는 게 두려웠다. 이제 개머리판을 만들어 붙이면 되는데 문제가 발생하였다.

그 쇠뭉치를 감출 곳이 마땅찮아 형과 내가 쓰는 식당 방 천장 한쪽 구석이 처진 곳을 찢은 위에 감추고 학교에 갔는데 무슨 일인지 그날 초포 지서장이 오셨다. 우리 식당 방에서 지서장과 말씀을 나누시는데 하필 그때 천장에서 쥐들이 우당탕하는 바람에 약한 천장 지천이 찢어지면서 총이 방바닥으로 떨어졌다. 그것도 지서장 코앞으로 떨어졌으니 단순히 놀란 게 문제가 아니었다. 복잡한 문제에 봉착하게 되자 집안 어른들이 모두 사색이 되었다. 다행히 평소에 지서장과의 친교가 돈독하고, 매일 밤 무기를 든 강도를 막아주기 위하여 두 사람의 무장한 경찰이 와서 지켜 줄 정도로 막역한 사이여서 아이들 장난으로 넘어가고 말았다. 다음 날 아침, 소달구지에 과일 상자 여남은 개를 싣고 집사가 초포 지서로 향하였고, 우리는 거의 한 달쯤 과수원에 가지 못하고 전주 집에서만 갇혀 살았다.

우리 할머니는 전라감영 이방호장의 따님이다. 내 외증조할아버지께서는 동학군에게 전주성 서문을 열어준 죄로 초록바위에서 처참하게 죽음을 당해 목을 장대에 꿰어 높이 매달렸다. 역적의 가족이라 김제 월촌으로 야반도주하였는데 그곳에서 내 조부님이신 조 참봉과 결혼하여 참봉 마나님이 되었다. 빼어난 미모와 알맞은 체격, 청간스럽고 도도한 성품, 남의 신세를 지지 않으려는 성격, 거기에 위엄까지 갖추어 쉽게 범접하기 어려운 분이시다. 집안의 대소사를 관장하고 가정의 화목과 기강을 바로잡는 따뜻하면서도 엄한 분이신데, 고사나 기제사 그리고 명절을 가리는 일에는 어찌나 까다로우신지 집안 권속이 꼼짝을 못하였다.

그렇게 정감이 넘치고 포근하던 고향이 송두리째 없어졌다. 산도 들도 시냇물도 공동묘지도 황토배기 보리밭까지 과수원과 기와집도 도시계획에 밀려 깡그리 없어지고 아파트만 무성하게 자리잡았다. 어느 게 과수원이고 안채 자리며 대문간과 텃논 자리인지 알아볼 수 없게 변해버렸다. 고향에 와서 보니 타향보다 더한 타향이다. 눈을 감으니 할머니의 변두머리 앓으시던 소리만 감감하게 들리는 것 같다.

감나무 이야기

감나무는 홍시가 열리고 감꽃이 숨어 피는 조선 나무다

우리 조상님네들은 아무리 가난해도 울안에 감나무 한두 그루 정도는 거느리고 사는 풍류를 지니셨다.

연두 눈까풀을 뜨는 봄날의 운치와 약간 떫으면서도 아이들 식용으로 춘궁기의 허전함을 달래주는 감꽃.

감꽃은 여인의 푸른 치마 밑 단속곳 속에 조신하게 숨어 피는 조선 여인의 기품을 닮은 꽃이라니,

당목 실에 꿰어 목에 걸어주던 아직 덜 여물어 떫은 사랑의 기억이 애잔한 꽃이여!

어느 꽃이 하얀 감꽃의 그 어리고 어리디어린 낭만의 회억을 따를 수 있으며 그 아슴한 추억을 오래도록 간직할 수 있단 말인가?

기다림, 기다려줄 줄 아는 인내와 인고를 품에 안고 사는 민족의 배창사구와 궁합이 맞아

감나무는 인고의 열매가 익을 때까지 기다림을 가르쳐주는 나무였다

우리의 가을은 감나무가 있어 풍성한 가을 풍경이 펼쳐진다, 당신의 고향 가을을 돌아보아라.

마을마다 꽃 등불을 환하게 밝힌 감나무가 있는 그림을 눈감고 그려 보아라.

만약 한국의 가을에서 꽃 등불이 주렁주렁 달린 붉은 감

나무가 빠진 가을을 상상하면 얼마나 허전하고 삭막하며 쓸쓸할 것인가?

어느 트로트의 노랫말 중에 '홍시가 열리면 어머니 생각이 난다.'는 아주 인기가 높은 노래가 유행이다. 왜 홍시를 보면 엄마 생각이 날까?

그것은 장독 항아리나 벽장 또는 다락에서 할머니나 엄니가 꺼내주시는 달고 보드라운 홍시의 감미로운 매력과 포근한 사랑에 기인하겠지만.

좀더 근원적인 문제는 우리 어머니의 모습을 닮은 감나무의 체형에서도 비롯하였을 것이다. 감나무는 다른 수목처럼 날씬하고 미끈한 나무가 결코 아니다.

우리 어머니의 자태는 치마꼬리 감아쥔 날렵한 모습이 아니다. 허름한 광목 치마에 입기 편하고 안정감이 있는 펑퍼짐한 형상의 자태다.

속것 단속것 꼬쟁이 속치마 등등 내가 잘 모르는 속옷을 껴입어 펑퍼짐하게 퍼진 나무 그게 우리 어머니 감나무다.

입에 침이 고이도록 군침이 도는 홍시가 빨갛게 달린 감나무거나 그 꽃등불이 모두 꺼진 엄동한천의 눈보라 속에 서 있는 감나무를 보라.

나무의 휨세나 가지의 뻗음은 과연 우주의 기하학적이며 안온하고 다정한 어머니의 감성과 마음씨를 닮은 것 같고,

뜻 모르게 사람의 귀소본능을 자극하는 신비스러운 모양새로 서 있잖은가, 쩍쩍 갈라져 터진 어머니의 손등처럼.

더구나 우둘투둘 갈라지고 골패인 나무의 표피가 쩍쩍 갈라진 어머니의 손등과 너무나 닮은 나무가 감나무이기 때문이다.

조모님의 대웅전

내 조모님은 과수원이 본존불상 석가모니불이 좌정하신 대웅전 큰 절이셨다.

새벽에 기침하시면 바로 과수원을 향해 합장이시고 심지어 소피보시다가도 두 손 모아 그저 합장이셨다.

꽃 피고 새 우는 봄날이 오면 과수원은 복사꽃 능금 꽃 하얀 배꽃이 피어 꽃 대궐을 이룬다. 크고 탐스러운 상품 가치가 있는 과일을 얻기 위해서는 그 고운 꽃을 솎아내는 적화摘花를 한다.

배 복숭아 사과도 마찬가지로 열매가 앵두만 하게 자라면 더 크기 전에 실하고 좋은 것 몇 알만 두고 모두 우수수 따

내 버리는 적과摘果를 한다.

과일나무 밑 뭉뭉한 흙내가 나는 바닥에 퍼렇게 깔린 배 복숭아 사과 열매를 보고 죄송해서 쓰다듬으며 또 손을 모아 합장이시다.

실바람에 살랑살랑 나부끼는 궁청藭靑바다 밑보다 더 새파란 나뭇잎에 검은 반점이 점점 찍히는 붉은별무늬병이 옮아오면 배나무밭에 초파일 연등만 한 떡시루와 촛불을 켜고 두 손 모아 비손을 하셨다.

가르마도 반듯하게 동백기름이 자르르 흐르고 가녈가녈한 몸매에 요조하고 기품이 서릿발같이 풍기는 조모님이 제일 크고 상품성이 좋은 것만 골라 꼭 한 입 콕 찍어 시식하는 까치를 장대를 내두루시며 훠이훠이 쫓아내시고는 희고 검은 깐치동 옷을 곱게 입고 날아가는 까치에게도 합장이셨다. 나무 관세음보살.

해방 바람이라 했던가?

천구백사십오 년 해방되었던 해, 추석 대목 보기 며칠 전, 모진 태풍이 과수원을 훑고 갔다. 하얀 봉지를 씌운 사과 배 늦은 복상이 대목장 출하를 앞두고 떨어져 박살이 난 채 온 과수원이 흰옷 입은 초상 마당이 되었을 때, 입에 곡기를 끊으시고 무엇을 잘못하여 하늘이 노하셨는지 뒤꼍 석류나무 아래 제단에 엎드려 빌고 또 비시다가 기진하여 누우셨다.

설, 추석 큰 명절과 제삿날이거나 고사를 지내는 날이면 크고 작은 떡시루를 대여섯 개 만들어 과수원 원두막 아래 장정 대여섯이 먹을 만한 떡시루와 음식을 차리셨다.

과일나무 거름발도 왕성하라고 측간 문 앞에도 깍쟁이만 한 떡시루를 배려하셨다.

그러나 원두막에 놓은 떡 시루는 누가 가져가는지 모를 그뿐만 아니라 떡 시루가 한 번도 돌아온 일은 없다

해마다 떡 시루를 다시 사야 하는 며느리가 원두막에는 그만하시자고 여쭈면 "그것도 다 적선이니라" 한 말씀뿐이셨다.

그런 과수원이 남의 빚으로 넘어가 귀꿈스레 망해버려 대웅전을 잃어버린 조모님은 한여름 땡볕 마당에 널어놓은 푸나무 마르듯 날로 수척해지셨다. 완주군 화산면 황토배기 초막의 가무름한 석유 등잔 불빛에 누우셔서 개구리 두꺼비가 알을 까는 경칩 무렵에 급히 달려간 손주 놈 손을 잡으시며 밀감이 잡수고 싶다고 하셨다.

문만 열면 탐스럽고 알찬 과일이 주렁주렁 열렸어도 성하고 때깔 좋은 과일 한 개 덥석 물지 않으시던 그 조모님이 밀감 한 개만 사 달라시는데 아직도 한겨울이라 밀감을 구할 길이 없어 조모님은 끝내 밀감을 못 드시고 눈감으셨다.

제2부

나의 노래

청춘을 조국에 바친 진초록 시인
나의 노래 / 외삼촌 /「휴전선」 시인 박봉우朴鳳宇
수필을 사랑하다 간 정덕룡 / 암울하던 시절의 囍다방 소묘
최영 시인의 회억 / 우주콩 이야기
소년의 추억 / 임봉리 방죽 물안개

청춘을 조국에 바친 진초록 시인
— 개몽눈이 성을 회억하여

상해傷害군인 개몽눈이 성 이목윤李木允 시인은 내 외사촌 형이다. 우리 어머니의 언니이신 친이모님 큰아들이고, 내 조모님의 친정아버지, 즉 내 종증조부從曾祖父님의 증손으로 삼종형三從兄이다. 형과 나는 친가와 외가에 얽힌 복잡한 촌수로 얽힌 족보다.

이목윤 시인은 1936년에 완주군 소양면 소재지 황운리 면사무소와 초등학교 정문 앞, 길 건너 주택에서 태어났다. 이목윤은 호가 진초록이며 별명은 개몽눈이다.

그의 증조부님, 즉 내 조모님의 친정아버지신 내 종증조부께서는 전라감사가 부려 먹으려면 엄나무 가시 위에다 굴려야 한다는 이성계 왕족 전주 이씨들이 틀어잡고 있는 전라감영 아전 이방들의 우두머리 이방호장이셨다.

동학도들이 전주성을 에워싸고 용머리고개와 서원고개 다가산에 포진하여 사흘을 지냈으나 전주성을 유린하지 못할 때 정세 파악을 잘못한 종증조부께서 서문을 안에서 열어줘 전주성이 함락되었다고 한다.

관군이 다시 전주성을 수복한 뒤 역적이 된 이방호장은 남문 밖 초록바위 형장에서 망나니의 칼날에 목이 잘려 장대에 꽂혀 높이 세워졌다.

역적의 가족이 된 식솔들은 야반도주하여 어떤 연고로 갔는지는 모르되 김제 땅 월촌리로 피난을 하였다. 야반도주하느라 적수공권인 그들은 살길이 막막한 터에 마침 조광조난으로 피신한 한양 조씨 후손으로 무사참봉巫仕參奉을 만났다. 그 젊은 참봉은 상처하였는데 피난온 미모와 행실이 빼어난 이방호장의 딸과 결혼을 하였다. 그 참봉이 내 조부님이시다. 참봉 마나님이 되신 조모님이 식솔을 건사하였고 조모님의 오라버니가 이목윤의 조부님이시다.

소양초등학교와 전주서중을 거쳐 전주 공고 토목과를 졸업한 몽눈이 성은 내 학교 일 년 선배다. 원래 가산이 넉넉한 집이었는데 부친의 정치 바람으로 가산이 탕진되고 그것도 모자라 위봉산성 성 참봉 하던 장인의 산까지 팔아 면의원 선거자금으로 쑤셔 박았다. 생활이 어려워져 학교도 휴학하고 다른 아우는 돈 벌러 서울행 기차를 타기도 했다.

어떤 선거철에는 선거자금이 없어 몽눈이 성이 풀 통을 들고 이 마을 저 마을을 돌며 선거 벽보를 붙이고 다녀야 했다. 그런 형편이다 보니 자연히 진학을 못하고 일 년을 쉬게 되어 나와 함께 대학교 시험을 쳤다. 한 해를 쉰 탓에 성적이 좋지 않아 청강생으로 다니더니 그나마 팽개치고 군대에 갔다. 그 큰 집은 선거자금으로 다 날아가고 송광사 마을 대흥리로 이사를 했다.

개몽눈이 성과 나와는 고등학교 시절부터 죽이 맞았다. 친척 형제라는 개념을 완전히 차치하고 글(문학)을 좋아한다는 하나의 공통분자가 구심점이 되어 함께 글쓰는 친구였다. 방학 때면 늘 붙어다니며 시시덕거렸다.

송광사 대웅전 뒤꼍으로 돌아가면 옛날 채광하던 굴이 있다. 굴 아래 자그만 방죽을 개몽눈이 성이 시지사詩池寺라 이름을 지어 부르며 무척 그곳을 사랑하였다. 이 무렵 아호를 진초록이라 하였다.

덥고 모기가 극성인 여름밤, 송광사 대웅전 마루에 누워 잠을 잤는데 신통하게도 모기 한 마리가 없다. 부처님의 법력으로 모기가 없는 줄 알았으나 뒷날 절간에 불을 켜는 만수향이 모기향과 같은 재료라는 걸 알게 되었다.

전쟁은 막 끝났으나 아직도 동상면 일대와 위봉사 봉서사는 공비가 출몰하던 시국인지라 시주하러 오는 발길은 개미새끼 한 마리 없어 늙은 주지스님 혼자 밥을 끓여 먹으며 기거하는 실정이었다.

스님의 아들과 며느리는 독립군으로 북만주 어디선가에서 전사하고, 스님에게 맡기고 간 손주 딸은 잘 성장하여 김제 어느 학교 선생이란다. 손녀는 교통편의 어려움을 무릅쓰고 토요일이면 찾아와 할아버지를 보살피다가 일요일에 돌아간다. 늙은 할아버지가 홀로 고생하는 게 가슴 아파 흙먼지만 풀썩풀썩 나는 신작로를 타박타박 걸어가며 하얀 손수건으로 서러운 눈물을 훔치면서 간다.

개몽눈이 성이 군대에 간다. 그냥 보낼 수는 없다. 우리 형과 나는 개몽눈이 성 군대 장정식을 해주기로 하였다. 과수원 뒤쪽으로 난 불탐리 한길 가에 외딴집을 지어놓고 술장수를 하는 오두막이 있다. 그곳의 얼굴에 처바른 박하 분을 달챙이 수저로 닥닥 긁으면 수제비 한 사발은 족히 쑬 만한 여인에게 미리 약조해 두었다.

노랑 술주전자가 몇 번 들락거린 뒤에 형과 내가 슬그머니 빠져나와 문고리에다가 물푸레나무 지게 작대기를 받혀 놓았다. 군대 가기 전에 총각딱지나 떼고 가라는 우리의 성의였다. 몽눈이 성 기분이 의외로 좋다. 입대한다니 여인이 자기의 체모를 몇 올 뽑아주며 호신용으로 잘 간수하라더란다. 술상 위에 깔았던 백로지를 찢어 꼬깃꼬깃 쌌다.

개몽눈이 성과 나와의 관계는 외사촌 형제라는 굴레를 초월하여 글쓰는 친구였다. 몽뉴니성은 '浩야!'라 하고 난 '允아!' 이렇게 편지를 주고받는 친구 사이였다.

그가 군대에 가서 마산 군의학교에 복무한 지 1년쯤 되었을 때 나도 군에 입대하여 논산훈련소 훈련병이 되었다. 개몽눈이 성의 편지가 사흘이 멀다고 날아온다. 장교 시험 보자고 조른다. 우리의 실력이면 간부후보생 시험 합격이 충분하니 시험을 보자는 거다. 조금 생각이 있기에 어머님에게 편지를 올렸다. 장교 시험을 보고자 하나 장교가 되면 군대 복무 기간이 7년이라고 말씀을 적어 올렸더니 어머니께서 연필에 침을 발라 쓰신 편지에 "너 장교 되면 나는 죽으련다."는 답장을 주셨는데 어떻게 시험을 보겠는가.

몽눈이 성 혼자 시험을 보아 공병 장교가 되었다. 아마도 공고 토목과를 나왔으니 공병이 된 모양이다.

훈련소를 졸업한 나는 전방 최일선 금화 아래 지경리 인근 부대의 대대 통신대 기제계를 맡아보고 있었다. 상사들의 특별 배려로 암호실 독채에서 글을 쓰도록 조치해 주어서 사이다병에 진달래며 산유화를 꺾어다가 꽂아놓고 『현대문학』 문예지를 읽으며 지내고 있었다. 군생활치곤 상팔자가 되었을 때, 중부 전선에서 공병소대장으로 복무하는 개몽눈이 성이 토요일이면 그 어려운 교통 여건을 무릅쓰고 찾아와 회포를 풀고 가곤 하였다.

다행히 휴가를 내가 하고 싶을 때 신청할 수 있는 조건이 되어 나는 몽눈이 성과 날을 잡아 서울 용산군인휴게소에 있는 내 수양어머니가 운영하는 식당에서 만났다. 왜정 때 전문학교를 졸업한 내 수양어머니는 언제나 반갑게 맞아주셨다. 용산 군인휴게소에서 군용열차를 타고 휴가를 가는 군인들은 헌병대 RTO 도장을 받기 위해 줄을 서서 앉거나 일어나기를 몇 차례 하고서도 자리를 잡기 위하여 아귀다툼해야 한다.

나는 수양어머니가 종업원을 시켜 도장을 받아다 주셔서 언제고 일찍 들어가 자리를 잡을 수가 있었고, 휴게소에서 제일 까다로운 구두닦이 아이들의 왕초가 우리 동네 녀석이어서 나에게 다가서는 구두닦이는 없었다.

저녁엔 삼수 집에 가서 잠을 잤다. 삼수는 목윤이 형 바로 아래 아우다. 집안이 어려워 다니던 중학교를 그만두고 혼자

서 서울로 올라와 낮에는 용산 시외버스터미널에서 돌팔이 장수를 하고, 밤에는 용산역 부근에 일본 놈들이 파놓은 방공호 속에서 잤다. 그 방공호 안에는 살림하는 방도 있는 지하 쪽방이 십여 개가 된다. 방공호 공기통 위로 지나는 특선 전깃줄에 갈고리를 만든 전선을 걸어 도둑 전기로 불을 켜고 산다. 단속이 심할 때는 전선을 떼어 촛불을 켠다. 우리는 방공호에서 봉지 쌀로 지어준 밥을 얻어먹고 군인 휴게소에 나와 놀다가 성남극장에서 영화 구경을 하기도 했는데 그때의 내 졸시 한 구절을 여기 옮겨 본다.

나는 시방 어디로 가고 있는가?

참으로 폭폭하고 암울한 시절 공병 소위 개몽늪이와 찌그러진 군모에 육군 일등병 함석대기 깡통 계급장을 단 때깨오가 백인 군인이며 흑인 병사들이 칠산 앞바다 조기떼같이 우글우글 득시글거리는 배호의 〈삼각지 로터리〉를 돌아서 성남극장에 영화 구경 갈 때

암 여시란 년 닭서리 못하고 캥캥거리며 쫓겨 도망치다가 뒤돌아보면서 흘기던 눈꼬리 같은 비웃음과 알량하고 같잖다는 표정을 깜장 입술 끝에 매달고 추잉검을 딱딱 씹으며 하늘 생긴 이후로 가장 무성의한 거수경례를 붙이고

지나가는 흑인 병사에게

"씨발 새끼 차라리 경례를 붙이지 말든지, 주동 빼기는 왜 찢어! -개좆 같은 놈" 식민지의 신뻥 소위가 죽은 소리로 구시렁거리던 용산 거리엔 현인의 〈굳세어라 금순아〉 트로트 가락이 서럽게 깔렸다.

- 트로트 찬가 중에서

어느 날엔가 允이 보낸 편지에 앞으로 자기는 글을 쓰지 않겠다, 글은 읽는 것으로 만족하며 살겠노라고 적혀 있었다. 순간 분노가 치밀어 올랐다. '무엇이 어쩌고 어째? 글을 쓰지 않겠다? 이게 미쳤는가? 무슨 이따위 개 같은 수작이란 말인가. 씨발놈 공병 장교 돈맛을 보더니 변절을 해? 개새끼 미쳐도 더럽게 미쳤구먼. 당장 절교다. 이것으로 너와 난 죽을 때까지 끝난 거다.' 나는 욕을 한 가마니쯤 써서 보냈다.

다음 토요일, 또 찾아왔다고 정문 보초가 전화 연락해 왔다. "나는 그런 장교 모른다. 그러니 그냥 돌려보내라."고 보초에게 단단히 일렀다. 允은 애꿎은 정문 보초와 실랑이하다가 두어 시간 후에 돌아갔다고 한다.

그렇게 세월은 가고 나는 제대를 하였다.

김제 만경 능지 저수지 안쪽에 있는 만이천 평(4정보) 과수원을 새로 사서 형과 내가 둘이서 경영하라는 분부로 과수원에서 분주한 날을 보내는 겨울, 눈이 발목을 덮도록 내린 골짜기에 어스름이 깃드는데 공병 중위 이목윤이 나타났다. 나를 만나러 양평에서 예까지 그 먼 길을 물어물어 왔단다. 철없던 문학 소년 시절에 둘이서 약속한 것을 지키겠다고 왔단다. 결혼할 때는 반드시 서로의 인준을 받아야 한다는 약속이다. 여인을 데리고 오려 하였으나 길이 멀고 직업에 매달려 같이 올 수가 없어 부득이 사진을 가져왔다며 50여 장의 사진을 꺼내놓는다.

아무리 미워도 어쩌겠는가? 이 눈발 속에 불원천리 이 골짜기까지 어렸을 적 약속을 지키겠다고 찾아온 사람을, 절교는 남았으나 인준은 해주었다. 지금 기억에 남는 것은 여자가 양평에서 미장원을 경영하며 22문 고무신을 신는다는 것밖에 떠오르는 게 없다. 나 역시 결혼 전에 아내 될 여인을 모시고 소양 마수교에서 송광까지 걸어가 인준을 받았다.

소이탄이란 작은 폭탄은 적의 인마人馬 살상용으로 화약 속에 인이 포함되어 터지면 불꽃이 인마의 인燐과 합쳐져 살 속으로 파고드는 무서운 폭탄이다. 발화점이 높아 더운 여름처럼 기온이 높을 때는 만지기를 기피하는 소형 폭탄이다. 소이

탄 훈련 중에 동작과 조작의 시범을 보이는 고참병이나 조교도 서로 꺼려함에 다혈질인 공병 중위 이목윤 소대장께서 몸소 시범을 보인다고 오른손을 올리는 찰나에 폭발하여 상반신에 불길을 뒤집어썼다. 오른팔은 날아가고 상반신은 지글지글 끓었다. 그 아픔과 놀람이 어떠하였을거나. 대구 육군병원으로 후송되어 수십 차례의 수술을 받았단다.

육신은 타버리고 오른팔은 없어지고 얼굴마저 잃어버린 몰골이 되었다. 같이 동거하던 사랑하는 22문 여인은 고무신을 거꾸로 신어버리는 배신을 했다. 육신의 아픔보다 여인에게 버림받은 아픔이 더 컸으리라. 그 아픔들이 오죽했을까마는 글을 버렸다는 그 미움이 꺼지지 않은 나는 대구도 가지 않았고 전주 98 육군병원으로 이송하였다 하여도 가보지 않았다.

어느 날 얼굴이 뒤틀어지고 흉물스럽게 일그러지고 팔 하나가 달아난, 철저하게 부서진 공병 대위 상해傷害군인 이목윤이 우리 집에 나타났다. 제대를 하였단다. 기가 막혀 인사도 하질 못했다. 이제 어쩔 것인가? 미움이고 지랄이고 안쓰럽고 미안한 마음이 앞서는 걸 어찌하랴.

이제 글을 써야겠단다. 남은 왼손으로 글을 쓰겠다고 한다. 당시 내가 참여하고 있는 문학 동아리가 '헝그리 영 맨'에서 '60년대 동인'으로 또 그게 '문예가족'으로 옮겨가는 시기여서

'문예가족'에 합석하도록 주선하였다.

상이군인 그후 개몽늪이는 학비가 면제되어 영생대학 야간부에 등록하였다. 학교에 다니면서 소양면사무소 길 건너편에 고등공민학교를 만들어 교장을 하며 후학들을 가르쳤다. 그런데 무슨 연유인지 그것도 폐교하고 송광으로 들어가 아버지가 물려준 묵정밭에 복숭아과수원을 만들어 농사를 지었다. 한편으로는 염소은행을 만들어 은행 두취가 되어 염소은행 주를 팔러 다녔다. 전주 시내 아는 친구들이나 명사들을 찾아다니며 몇 주씩 수집하여 돈을 받았다. 고창에서 근무하는 나에게도 찾아왔기에 조건은 물어보지도 않고 여섯 주를 사주었다. 그 뒤 감감무소식이더니 몇 년 후에 느닷없이 염소 새끼 잡은 걸 고기로 가지고 왔다. 염소은행 파산 주 값이란다. 나중에 안 일이지만 염소는 한두 마리 키울 땐 무럭무럭 잘 자라지만 대량으로 키우면 자가 발생적 역병이 돌아 모두 감염되어 폐사되는 걸 모르고 시작한 거다. 그리하여 은행 두취가 된 벼슬과 권세가 떨어져 버렸다.

개몽늪이 성을 회억하면서 그의 부친이고 내 이모부이신 이수돈 어르신을 배제하고는 말을 할 수가 없다. 그 어르신에 관한 내 졸작 시 한 편을 기술한다.

쓰돈뽕뽕(李 洙자敦자) 우리 이모부님

송광사 산문 앞 개울가에는
세 살 먹은 계집애 볼기짝만 한 공터 있는데
워낙 옹색한 산골짝 탓으로
마을에선 거길 한마당이라고들 부릅니다.

탈신탈신 위봉 산성재 너머 내려오는
곶감 먹고 뒷구멍 막힌
동상면 촌사람 서넛 스쳐 지나가고
닥종이 실은 소달구지 전주장터 내려간 뒤
시간표 잊어먹은 버스가 들어와
바듯이 돌려 나가는 버스 종점 귀퉁이
콧구멍만 한 점포 하나 술도 팔고

키 크고 코도 크고 목소리 길어서
하이얀 모시옷으로 학처럼 고고하신
때깨오 이모부님 겸
개몽눈이 부친 어르신네께서
아침 해장술에 불콰하신 모습으로

저 한마당에 터를 잡고 앉아 계시다가

왕년에 면의회의장이며 면소방대장
공비토벌하던 의용경찰대장까지
눈썹이 휘날리도록 두루 섭렵하신 관록에다가
'수돈뿡뿡'이라는 소양면 작호까지 받으신 명망으로
마을 온갖 잡것 갈래 다 타 주시고

저녁노을이 거나하게 저물 때면
삼복 땡볕에 쑥대밭 김매고 오시는 이모님에게
"아– 호미 매고 돌아온 내 아내여" 어쩌고
김소월의 시보다 훨씬 빼어난
명시를 읊으시다가 이모님의 고운 눈총을 받으시는가 하면

"내가 시인이다. 네까짓 것들이 시를 알면 얼마나 알아?"
호통을 치신 후에
임은 임만 아니고의 서시부터
"임은 갔습니다, 아아 사랑하는 나의 님은 갔습니다"로 시작하는 만해 한용운의 「님의 침묵」을 줄줄 낭송하시어

큰아들 개몽눈이 찾아 놀러 온
'문예가족' 풍신난 놈들의 기를 확 꺾어놓으시더니

"너는 내 말 한마디면 당장 뿌서져 뻐려!"
한 말씀 대갈일성으로
가시내 손버릇 나쁜 개찬이놈 기를 답삭 죽여
수준 높은 해학을 하셨는데

어느덧 세월 지나
사월 초파일 연등 하나로
세상 잘못 산 무렴을 꺼볼 요량으로 들른
절간 다리 건너 한마당에는

무명 수건으로 흙먼지 치맛자락 툴툴 털며 내려오시던
호미 맨 이모님 발걸음 저승 가시고
학 울음보다 긴— 호통 소리 해학 높으신
'쓰돈뿡뿡' 우리 이모부님 그 낭랑한
「임의 침묵」 시 낭송 소리 아니 들립니다.

지금쯤 저승에 뒤따라간 개찬이 종태 녀석 하며

흑판에다 막걸리 칠하던 학용이 놈이랑 만나셔서
너털웃음으로 술잔을 받아 드시며
아– 호미 매고 돌아온 내 아내를 찾으시다
이모님 눈총을 거기서도 받으시는지 알 길 없는데

산문 앞 개여울만 젖은 목소리로
저 혼자 씨부렁거리며 이승을 울고 갑니다

개몽늪이 성 부인은 참으로 현숙한 분이셨다. 옛 조선의 아낙네였다. 남편에게 무척이나 순종형으로 그 까탈스러운 목윤이 형의 시중을 군말 없이 모두 받아주셨다. 어떤 여인이 요즘 세상에 그렇게 팔 하나 없는 상이군인, 더구나 가진 재산도 없고 명예도 권세도 없는 사람에게 시집와서 한평생을 떠받들고 살겠는가. 참으로 훌륭하신 요조숙녀요 백의의 천사보다 더 아름다운 여인이었다. 몽늪이 성은 그 따사로움을 당연히 그러려니 하고 대하였는데, 막상 돌아가시고 나니 세상이 무너져버린 것이다. 누가 그 뜻을 받아주고 잃어버린 손노릇을 해주며 어려운 살림살이를 한단 말인가. 허탈을 이겨보고자 종교에 귀의해 보았으나 거기서도 그 살뜰하던 아내의 부재를 충당해주지는 않았던 것 같다.

자나깨나 가신 아내가 눈에 밟히고 그리움에 미칠 지경에 이르러 폐가 석회화되는 병을 얻었다. 치료할 방도를 구하지 않고 이대로 살다가 빨리 저세상의 아내 곁으로 가야겠다는 일념뿐이었다. 영면하기 두어 달 전에 폐가 석회화되는 병을 치료하는 병원을 인터넷으로 찾아 일반병원과 한방까지 리스트를 만들어서 몽눈이 성 집으로 찾아갔다. 서울 병원에 가자고 하니 안 가겠다는 거다. 누가 날 데리고 가며 간병을 하겠냐며 한사코 뿌리치는 걸 내가 가겠다고, 내가 간병까지 할 테니 가자고 졸라 겨우 허락을 받고 왔다. 그 뒤 소식이 없어 전화하였더니 안 가겠다는 것이다. 아들이 와서 그러는데 그 놈들이 전부 사기꾼이며 안 가고 이대로 살다 죽겠다는 것이다. 본인이 안 가겠다는 걸 떠메고 갈 수도 없고, 한사코 부인 곁으로만 가고 싶다는 사람을 어찌할 수가 없어 손을 놓았다.

가난 때문에 학교를 그만두고, 그놈의 가난 때문에 장교가 되고 싶어 공병 장교가 되었으며, 글을 쓰지 않겠다고 펜을 꺾은 것도 돈 때문이었는데, 운명은 그를 불에 꼬실라 몹쓸 몸을 만들었으나 그 운명을 개척하여 하나 남은 왼손으로 글을 쓰는 피나는 연습 끝에 결국은 시인이 되었다.

「굴렁쇠」를 비롯하여 수많은 작품을 만들어 발표하는가 하면 문단 활동도 활발하게 하여 많은 문우와 교류하며 그가 만든 『문예가족』을 끔찍하게 사랑하던 진초록 시인.

일찍이 시지사詩池寺를 만들어 시인이 되고자 청운의 뜻을 품은 진초록 시인. 운명이 그를 시를 쓰던 오른팔을 빼앗아 가고 얼굴은 일그러지게 하였으나 그는 그 운명에 도전하여 굴하지 않고 굳건히 이겨내 하나 남은 왼손으로 시를 쓴 위대한 시인이었다. 내 형이고 문학의 경쟁자 노릇을 해주던 몽늪이 성, 하늘은 우리에게서 좋은 시인 하나와 다혈질의 명쾌한 친구를 데려갔다.

나의 노래
– 트로트 찬가

나는 어려서부터 음악에 전혀 소질이 없는 데다가 음치인 관계로 초등부터 중등 졸업까지 음악 점수가 하등급의 성적표를 받았다. 그러니 자연히 음악에 취미를 잃게 되고 소원했는데, 대학 때 우연히 노래에 재능이 있는 친구를 만나 소위 서양 명곡이라는 음악을 알게 되었다. 유명한 성악가 카루소, 마리오 란자, 금속성의 메조소프라노 릴리 폰스 같은 이름을 접하게 되고, 우리 국악계의 거장인 임방울 명창의 김제 난장에서 열창하는 마지막 공연까지 볼 수 있는 영광을 얻기도 하였다.

시는 곧 노래이다. 때문에 명색이 시를 공부한다는 형편임에 음악을 가까이하고파서 임방울 명창의 「쑥대머리」 계면조 애원

성 더늠, 여창 가곡 강권순의 하늘소리 「천뢰」, 베토벤의 「월광 소나타」, 슈베르트트로의 「겨울 나그네」 등을 틀어놓고 흥얼거려 보기도 하고, 여린 음까지 정확히 발성한다는 콜로라투라 조수미와, 고음이 우렁찬 나탈리 드세이에도 잠겨 보았다. 패티 페이지의 「문 리버」나 「테네시 왈츠」에 기웃거리다 에디트 피아프가 비련의 사랑 마르셀 세르강을 위해 부른 영혼의 노래 샹송에도 빠져 보려 하였지만, 모두가 수포가 되었다.

결국 내 아내의 표현대로 내 본 태생이 미천한 탓이다. 건듯하면 가슴이 쏘옴하고 눈물이 맺히려는 못된 감수성 때문인지 석양이 짙게 내려와 깔리고, 알 수 없는 천 리 객창에 서면 가슴 한복판이 썰물 빠지듯 텅 비어 가곤 한다. 이러한 내 미숙한 인생 자락에 가슴을 찌릿찌릿 쥐어짜기도 하고, 천박한 눈시울을 적셔 주는 트로트 가락이 내 영혼을 휘감았다. 그때부터 대중가요를 사랑하는 사람이 되고 말았다.

김일성 별장이 북유럽의 그림엽서같이 아름다운 산정호수 너머 명성산 920고지. 등에 짊어진 무전기에서 흘러나오는 「산장의 여인」을 부르는 가수 권혜경의 어여쁘고 날씬한 모습을 그리며, "아무도 날 찾는 이 없는 외로운 이 산장에" 숨어 수음으로 두 다리를 쭉쭉 뻗어 명성산 꼭대기를 발로 차던 중중무진重重無盡 외로운 세계에서도 날 달래주는 건 역시 트로트였다. 억새꽃이 하얀 목을 길게 빼문 골짜기에 널린 산더덕을 캐어 군대 막된장을 찍어 깨물면 나애심의 「과거를 묻지 마세요」가 환장하게 서러웠다.

몇 십 년이 지난 뒤, 풍만한 체격의 권혜경 씨를 전주 관광호텔에서 만나 젊은 시절의 이야기꽃을 피우다 등받이 의자에 걸쳐놓은 바바리코트를 잃어버린 적이 있다. 비싼 상견례를 치른 셈이다.

요즘은 이연실이나 장사익의 「찔레꽃」만 들어도 찔레순 꺾다 가시에 찔린 것처럼 아프고, 별처럼 슬프고, 달처럼 서러운 걸, 새삼 무얼 더 깨닫게 될 것인가? 세상사 일어나는 일체의 현실과 추억과 사랑을 사실대로 그려낸 노래가 바로 인간이 살아가며 깨달은 광명의 눈이 되는 것처럼 붓다나 예수가 깨달은 진리 말씀도 그 광명의 노래 같은 게 아니었을까?

트로트는 무릇 우리 생활 속에 무수히 굴러다니는 모든 잡동사니의 감성을 한 점으로 모아 점점이 긋고 가는 유정과 무정으로 녹아내리는 노래다. 그 노래 속에서 너와 내가 무한히 엮어지는 구심점 같은 것 이어서 그냥 듣기만 하여도 뜻과 속셈을 깨달아 하나의 작은 해탈에 이르는 것 같다.

해탈은 도달하기 어렵고 먼 해탈만이 아니라, 모든 저를 놓아버리는 아주 짧은 순간도 해탈이라 할 수 있다. 기쁘고 구슬프고 노하고 서러운 색깔을 모두 합치면 하얀 색깔의 트로트 색깔로 만들어지듯이 깨달음 또한 경전이나 불상이나 목탁 소리에만 존재하는 게 아니라 깨닫는다는 것의 원천으로부터 시원始原하듯이, 트로트도 훌륭한 깨침의 기능과 역할을 하는 것이므로 작은 깨달음의 원천이라 할 수 있는 게 아닌가?

듣는 사람도 부르는 사람도 그 내면이 더욱 밝고 맑아지며 회한을 풀어주고 즐거움에 이르러서 삶의 변화를 이뤄내는 수혜修慧의 차원으로 승화시킨다면 풍신난 내 시보다. 얼마나 더 좋을까 싶어, 트로트 가락이나 들으면서 살고자 하는 내게 무슨 나의 노래가 있겠는가?

젊은 시절, 아직 총기가 그만할 적엔 「부용산 오 리 길」 같은 노래 두어 곡 아는 노래가 있었다. 그나마도 이젠 전부 까맣게 잊어버리고 가사도 기억이 없으니…. 나의 노래는 없는 것과 같아서 참으로 한심하고 부끄러워 나이에게 핑계를 얹는 수밖에.

이제부터 배우려 해도 전두엽 세포가 날로 줄어들어 한 줄 외우면 두 줄을 잃어버리는 난감한 실정인지라 그것마저도 어렵게 되어 나의 노래는 고사하고 애국가나 잊어먹지 않을지 모르겠다.

외삼촌

내 외삼촌은 한 분밖에 계시지 않는다. 조금 모자란 것도 같고 어찌 보면 영특한 사람 같기도 한 분으로 종잡을 수 없는 성격의 소유자였다. 그것은 아마 삼대독자로 조동으로 자란 탓인 것 같다.

우리 어머니의 고향은 위봉산성이다. 외조부께서 조선조 말엽 마지막 성 참봉을 지내셨다. 자손이 귀한 집이어서 그랬는지 외조모님이 어머니와 이모님 딸 둘만 얻으시고 아들이 없어 작은부인을 맞아 어렵게 얻은 분이다. 어머니의 배다른 아우가 되는 외삼촌은 참봉 집안에서 귀엽게 길러 독립심도 없고 의타심만 강한 분이셨다.

왜놈들이 위봉산성에 쳐들어왔을 때 제일 먼저 한 일은 이성계의 위패를 모시는 대궐을 불태우고 무기창을 부수는 일이었다. 조선이라는 나라의 이미지를 백성들에게서 완전히 지우기 위한 것이고, 또 하나는 임진란 때 위봉산에 지천으로 많은 시누대로 화살을 만들어서 이순신의 조선 수군에게 서해안 격포까지 싣고 가서 조달한 무기창이 그들의 원수라고 여겼기 때문에 대궐과 무기창을 불태우는 데, 사흘이나 걸렸다고 한다.

내가 어렸을 때, 옛날 전주 북문 안으로 옮긴 외조부를 뵈었는데 허옇게 긴 수염의 산신령 같은 외모에 형형한 눈빛이 살아 계신 근엄한 분이셨다. 외조부님은 유월 전쟁이 발발하기 전에 돌아가시고 중학교 5학년이던 철부지 외삼촌은 농림학교 다니다가 학도병으로 입대하였다. 김석원 부대라고도 하고 아니라고도 하는 부대를 따라 포항전투에서 싸우다가 인민군에게 자기 선임하사와 함께 포로가 되었다고 한다.

어느 민가에 처박혀 잠을 자는데, 꿈에 허연 수염의 아버지가 "네 이놈, 시방 여기서 무엇하고 있느냐."며 호통을 치시는 바람에 잠을 깨었는데, 조금 먼 곳에서 총소리가 간간이 들려왔다. 창문 틈으로 밖을 보니 달 밝은 백사장에서 포로들을 하나씩 죽이고 있었다. 옆사람 몰래 선임하사를 깨워 둘이서 반대 방향으로 죽기를 한하고 달렸다. 뒤에서는 총을 쏘아대는 것을 들으며 얼마를 달리다가 미군을 만났다, 결국 아버님 돌보심에 살아났다고 한다.

북진하는 국군에 편성되어 함경도 그쯤의 산골짜기에서 싸우다가 이번엔 중공군에게 또 그 선임하사와 함께 포로가 되었다. 그때도 먼저와 같이 아버님의 선몽으로 잠을 깨어 포로를 죽이는 밤중에 선임하사를 깨워 둘이서 도망쳐 살아났다.

다시 부대를 찾은 보상으로 전시 특별휴가를 받아 싸우던 그 차림 그대로 카빈총을 메고 휴가를 왔다고 우리 과수원으로 누님을 찾아왔다. 전방에서 싸우던 군인이 왔으니 우리는 신기한 사람을 본 것같이 신이 나서 줄줄 따라다녔다. 외삼촌은 우리 앞에서 과수원 아래 해골방죽 무넘이에 앉아 있는 피란색 알록달록 예쁜 옷을 입은 물총새의 다리를 맞혀 잡았다. 얼마나 신통한 사격술인가. 군대 가기 전엔 조금 어리벙벙한 구석이 있던 삼촌이었는데 위대한 사람으로 보였다.

그러고는 휴가 복귀한 몇 달 뒤 외가에서 난리가 났다. 전방에서 싸우던 삼촌이 중공군의 방망이 수류탄과 지뢰가 터져 큰 부상을 입어 서울 민간병원에 입원하였단다. 폭탄이 터져 온몸이 성한 곳 없이 부서지고 모래가 박혀 어떻게 수습해야 할지 모르는 중상인데, 가장 큰 문제는 잠지 끝이 끊어져 반토막 났다는 것이다. 이 노릇을 어쩐단 말이냐. 삼대독자 외아들 잠지가 토막났으니 살아도 못 살 문제였다. 그나마도 그렇게 살아 있는 것은 상처를 입어 육군병원으로 후송하려는 것을 대대장 지프차를 운전하는 친구가 자신의 지프차에 싣고 전방에서 서울까지 내달려 개인 병원에 입원시켰으니 저렇게라도 살아난 것이란다.

그래도 끊어져 반토막 달린 잠지를 달고 제대하여 전주시 상이군인 감찰 벼슬을 땄다. 당시는 온통 길거리에 상이군인이 넘쳐나고 그 사람들의 횡포가 심한 시절이었다. 그 힘으로 전매청에 취직하였는데 하라는 일은 제쳐두고 담배 도둑질을 자주 하여 거기에서 쫓겨나더니 또 무슨 재주를 부렸는지 전주시청 공무원으로 취직을 하였다.

학창 시절에도 공부하고는 사돈네 팔촌쯤 되는 성품으로 공무원이 되었으니 아는 게 있어야 좋은 자리에 앉아 사무를 볼 게 아닌가. 그러하니 한직으로 돌다 매일 술타령으로 세월을 보냈다. 출장을 보내면 거기에 가서도 술이요. 사무실 근무 시간에도 틈만 있으면 빠져나가 술타령이었다. 심심하면 우리 집에 찾아와 누님 보러 왔다는 핑계를 대고 술상을 차리게 했다. 언제부터인가 내가 근무하는 사무실로 찾아오기 시작했다. 그것도 그냥 혼자 오는 게 아니라 친구들을 데리고 내 조카가 저기서 높은 자리에 있다고 자랑을 하며 오시는 데야 어떻게 하겠는가.

그런 삼촌에게 미운 마음이 일다가도 동료들이 업신여기는 걸 조카가 있다는 자랑으로 조금이라도 무마하고 싶은 마음에 찾아오시는 게 딱하고 애처롭게도 여겨져 웬만하면 모시고 나가 술판을 성의껏 차려 삼촌의 콧대와 위신을 세워 드리기도 하였다.

어머님이 가시자 그리 서럽게 우시던 삼촌. 콧물을 줄줄 흘리며 울던 삼촌을 생각하면 어머님과의 그 정리가 내 가슴에 잔물결로 스며든다. 그러니 어찌 소홀히 대할 수가 있겠는가. 하여 길에서 우연히 만나거나, 지나다가 들렀다 핑계를 대고 술을 사 드리거나 용돈을 쥐여 드렸다. 어머니가 가시고 외가 쪽 어른은 그 어른 한 분뿐인 걸.

내가 집을 비운 때에도 가끔 집에 오시면 아내가 술상을 차려 드렸다. 내 조카가 이렇게 큰 아파트에 산다고 친구들에게 자랑하고 싶어서 오시는 거다. 외가의 어른이고 아이들에겐 외할아버지 되시는 걸 어찌 소홀하게 대접해 드릴 수 있겠느냐는 아내의 대답이 고맙기도 하였는데, 오시는 빈도가 차츰 뜸하더니 세상을 뜨셨다는 부고가 왔다.

아내와 서둘러 찾아간 초상 마당엔 문상객도 없는 참 가난

한 장례식장이었다. 그래도 그 반토막 잠지로 삼 남매를 두어 마음이 조금 위안이 되었는데 얼마 전에 큰아들이 결혼하였다. 대가 끊어질까 걱정하시던 어른들의 얼굴이 잠깐씩 스쳐 지나갔다.

「휴전선」 시인 박봉우朴鳳宇

그때가 아마 1975년 늦은 여름쯤 되었을까. 중앙동 옛 도청 후문 근처에 자리 잡은 건물 이층에 여류수필가 박금례 씨가 운영하는 술청 '청보리'에서 문우 몇 분과 술을 마시고 있었다. 그때 허름한 옷차림으로 앞니 몇 개가 나간, 사람 좋은 웃음을 들고 나타난 중년 사내가 그 유명한 「휴전선」 시인 박봉우였다.

아호가 추풍령秋風嶺인 시인 박봉우(1934-1990)는 전라남도 광주 태생으로 광주 서석국민학교와 광주고등학교를 거쳐 전남대학교 문리과대학 정치학과를 졸업하였다. 그는 1956년에 조선일보에 조국의 분단 극복과 민족통일을 간절하게 갈구하는 소망을 절실하게 전달하여준 시「휴전선」이 당선되어 문단에 등단한, 한국 문단의 기린아 같은 시인이었다.

조국분단의 비극적인 상황을 온몸으로 절규하며 그 질곡 앞에 몸부림치다 가슴이 무너져 내리도록 갈등과 좌절을 반복하였다. 시대에 대한 울분을 끝내 풀지 못하고 이대梨大 앞, 서울 시내 한복판에서 "내 지식을 사 가라."고 외치기도 하며 방황하다가 결국은 정신병을 앓게 되었다고도 하고, 일설에 의하면 정부기관에 끌려가 모진 고문 끝에 정신병 환자가 되었다는 풍설이 돌기도 하였다.

서울 시내를 배회하며 어렵게 생활하는 것을 딱하게 여긴 문인들이 가난한 호주머니를 털어서 얼마의 성금을 모아 주었는데 그것마저 어느 몹쓸 사람에게 사기를 당해버려 더 어렵게 되었다.

마침 서울 무슨 회의에 참석차 서울에 올라간 고등학교 동창인 이효계 전주시장이 동창들 모임에서 박봉우의 딱한 사정 이야기를 듣고 전주로 데리고 내려와 전주시립도서관에 상용 잡급 임시직으로 근무하게끔 주선해주었다고 한다.

그런데 하라는 도서관 사서 근무는 팽개치고 아침부터 술타령으로 다른 직원의 근무까지 방해가 되어 도서관장이던 수필가 한대석의 그 꼬장꼬장한 심사를 무척 괴롭게 했다. 한

대석 관장은 만나는 문우마다 붙들고 하소연을 하곤 했다.

당시 박금례 씨의 '청보리'에는 주로 시인 김남곤, 박만기, 이운룡, 소재호, 진동규, 김용옥, 정희수, 이동희, 장욱, 박석구, 양건섭, 신해식, 심의표, 안평옥 등과 수필가 정덕용, 김학, 정주환, 김순영과 아동문학가 서재균 등이 번갈아 다녔다. 박봉우 시인은 문인들이 다니는 술집을 어떻게 알아내는지 귀신같이 알고 찾아왔다. 그때마다 문인들은 스스럼없이 술값을 계산해주었는데 얼마 후부터는 정신질환이 더 악화되었는지 헤어질 때에는 술 마실 돈을 요구하기에 이르렀다.

박 시인의 딱하고 어려운 사정을 잘 알고 이해하는 문인들은 많은 돈을 요구하는 것도 아니기에 달라는 만 원쯤은 선뜻 내주었는데 후에 알고 보니 그 돈을 가계에 보태 쓰는 게 아니고 글을 쓰는 젊은 대학생이거나 문학을 좋아하는 후배들에게 술을 사주는 것으로 사용한다는 것이다. 막걸리를 주로 파는 성깔 더러운 김재열의 소문난 대폿집 '정읍집'에서 박봉우 시인과 어떤 인연으로 함께 왔는지는 모르지만, 같이 온 일행 중 대학생이던 지금의 전북일보 서창훈 회장도 그때 막걸릿집에서 처음 만났다.

독재의 총칼을 휘두르던 박정희 대통령이 제일 심복으로 믿었던 중앙정보부장 김재규의 총에 맞아 죽었다. 전국의 도시

마다 분향소를 만들어 애도를 표한다는 뉴스가 나왔다. 경찰국 경감 박만기 시인과 아담하고 가녀리게 생긴 여류수필가 최증자 씨가 운영하는 '타겟트' 지하 술집에 앉아있는데 느닷없이 박봉우 시인이 나타났다. "당신이 그토록 증오하던 독재자가 죽었으니 조문을 가야 할 게 아니냐, 조문을 가려거든 이왕이면 서울분향소에 가서 나를 괴롭힌 당신은 갔지만 나는 아직 살아있노라고 외장치며 분향하고 오라."며 박만기 시인과 나의 호주머니를 탈탈 털어 서울 다녀오는 여비를 만들었다. 검정 양복과 넥타이는 있느냐고 물었다. 그러자 집에 있다며 기어코 우리를 데리고 완산동 시장 다리 건너 초록바위 아래 세 들어 사는 문간방으로 가서 가난에 찌든 부인에게 소주를 사 오도록 하였다.

맥주 한 잔이면 얼굴이 발그스레 고와지는 순창 동계 양반집 막내딸 김향길 여사가 차린 '시인의 마을' 술집으로 서울에 다녀왔다며 박봉우 시인이 찾아왔다. 자기 시집을 받지 못했다는 나를 억지로 끌고 내려가 길 건너 홍지서림에서 『서울 하야식』 시집을 사더니 자필 서명을 해 주었다. 그 귀한 자필 서명이 든 시집을 그날 밤 둘이서 헤매고 다닌 어느 술청에선가 잃어버려 지금도 아쉽고 또 박 시인에게 미안하다.

술 잘 사주고, 달라는 술값도 서슴없이 잘 주기 때문인지

만날 때마다 엄지손가락을 하늘로 쳐들며 전주에선 조기호 시인이 최고라고 외장치는 바람에 주위 문인들 보기에 민망하였다.

그가 어느 날부터는 황소 혓바닥보다 더 길고 침이 흥건히 묻어 물컹한 혓바닥을 상대편 입속에 벼락같이 빠르게 밀어 넣는 키스를 만나자마자 순식간에 해치우는 버릇이 생겼다. 그 상황이 소름이 끼치도록 싫어서 만나기를 꺼렸는데, 그래도 거기까지는 별 탈이 없었다. 그런데 얼마 후부터는 정신병이 극도로 악화되었는가 아니면 먹는 것은 부실하고 술만 마셔서 육체가 탈진되고 정신이 혼미해졌는지 간혹 대소변을 실수하는 경우까지 생겼다. 입만 열면 한국에서 노벨문학상은 내가 타야 한다고 기염을 토하던 그 기개는 어디 가고 결국은 정신병원에 입원하는 처지에 이르렀다.

박봉우 시인의 부인이 별세하였다는 진동규 시인의 전갈을 받고 옛 삼남극장 뒷골목의 단칸방에 조문을 갔다. 박봉우 시인은 어느 정신병원에 입원 중이고, 아이들은 아직 어려서 상주가 무엇인지도 모르며, 충청도 어디에 사신다는 누님이 오셨는데 거기도 박 시인만큼이나 어려운 형편이었는지 방에 들어가 모두 잠들어버렸다.

상주도 없고 한 사람의 문상객도 오지 않는 초상마당에 싸락눈은 내리는데 피워 놓은 연탄불 가에 진동규 시인과 나 둘이서 쪼그리고 앉아 꼬박 밤을 새웠다. 먼동 트는 새벽녘에야 거지 하나 오더니 밤새 가꿔놓은 가난 한 개비 나눠달라고 보챘다. 그때 끼적거린 나의 졸시이다.

가난 이삭 줍기

지지리도 가난한 詩人 朴鳳宇
부인 상중 토방에
안방 시계는 넉 점을 울리고
한겨울 쓰라리게 매운 눈발이
사위는 연탄불에 희끗희끗 내린다
상주도 호상도 문상객도 하나 없는
이 가난함을
깡소주 몇 모금으로 지울 수 있지만
저 어린 새끼며 고장난 시인 박봉우며
일상으로 찌들은 누님의 눈망울은
무엇으로 다듬어 지울까
옛 말씀에 주검처럼 가난을 타는 게 없다고 하지만
월세 십만 원 단칸방에

고요만 절간마냥 떠내려와
앙상한 내 가슴에 겨울안개로 번지고
눈치 없는 거지 하나
대문에 매달려서
그나마 쓰다 버린 가난 한 개비 줍고 간다

조국분단의 비극을 평생 절규하며 그토록 갈망하던 민족통일을 끝내 보지 못하고 전주효자동 공동묘지에 누워버린 박봉우 시인. 그는 지금 저승에서도 갈등과 좌절을 반복하던 그 울분을 아직까지 삭히지 못하여 고민하고 있는지 모르겠다.

수필을 사랑하다 간 정덕룡

자기가 사랑하는 예술을 위하여 자기의 전부를 쏟아붓는 분을 몇 분 뵌 때가 내가 글 나부랭이를 끼적거리고 다닌 중에서 가장 행복한 청춘이었다.

우리 민족의 가장 불행했던 유월 동족상쟁이 어지간히 수습되어 갈 무렵 군인들의 쿠데타로 실업자가 늘어나고, 경제공황이 와서 취직자리가 어려운 데다, 군인 정부 밑에서 자유마저 구속당하고 살기가 참으로 팍팍하던 때였다.

그렇게 척박하고 어려운 생활환경 속에서도 자기의 예술을 위하여 오로지 예술에 몸을 내던진, 「나의 독백은 아직 끝나지 않았다」는 연극 대본이 든 누런 대각봉투를 옆구리에 끼고 눈이 오나 비가 오나 늙으신 몸을 끌고 임봉리 고개를 걸어 다니던 박동화 연극쟁이 선생님.

혼자 대본 쓰고 무대장치 감독 연출과 남녀 주연과 성우까지 전부를 맡아서 하시는 인형극의 대가이신 셋방살이 살던 인형극의 선구자. 참으로 지긋지긋하게 가난하던 김동순 선생님.

자기의 본이름이 무엇인지 확실히 모르는 어린 시절 마을에서 하귀풍 '어찌 何 귀신 鬼 바람 風'으로 불렸다던 극장 간판 빼끼쟁이 출신으로 천재 화가이신 하반영 선생님, 참으로 눈물나게 보고 싶고, 환장하게 그리운 엘비스 프레슬리 하반영 선생님.

수필 불모지였던 전북 문학계에서 수필 문학을 활성화 시켜 전북수필문학회로 만든 정덕룡 수필가 선생.

위 네 분을 뵙고 따라다니며 배우고 같이 술을 마시고 흥에 겨워 노래를 부르며 도굿대춤을 추던 때가 내가 글쟁이로 산 일생에서 가장 행복한 때였다.

박동화·하반영·김동순 세 분은 나보다 이삼십 년 선배이지만 정덕룡은 나와 동갑내기로 고등학교도 같은 해에 졸업한 처지여서 그와 내 친구가 뒤섞인 사람이 많았다.

그는 매우 술을 사랑하는 애주가였다. 술이라고 하면 나도 웬만큼은 이골이 나 있어서 술 마시고 이뤄 놓은 소행머리를 적으라면 소설 한 권쯤은 꾸밀 수 있는 실력이므로 술친구로 어울려도 무방한 사이였다.

그 친구를 처음 만난 곳은 내가 몇 십 년 단골로 다니던 동문사거리 '영산포집' 술청이다. 그곳에서 대학 동창인 소설쟁이 이홍근의 소개로 만났는데, 그 둘은 전주고 동창으로 꽤 가까운 사이여서 매일 붙어다녔다.

거의 매일이다시피 술청 카운터에 출근하는 그와 나는 다니는 회사가 같은 사장 밑의 회사여서 자주 만나게 되는데, 글쟁이들이 가는 회사는 거의 글쟁이 여사들이 경영하는 회사에 모여들기 마련이다.

당시 도청 동문 앞 부근 이층에 주식회사酒食會社 '청보리'를 차린 수필가 박금례네 회사와 안개꽃 적삼을 곱게 차려입은 최증자 여류 수필가께서 경영하시는 '타겟트'와 구천동 여인의 '사랑 만들기'와 술 반 잔에 얼굴에 도화색이 돋는 순창 동계중 출신의 순하디순한 김향길 여사네 회사 '시인의 마을'이 당시 글쟁이들이 모여드는 장소였다. 촌놈이 지게 짊어지면 어딜 가겠는가? 기껏 논두렁 아니면 밭가운데인 것처럼 만나기 싫어도 자주 만나 술자리를 합석하게 된다.

그때는 남자가 술도 안 마시고 담배도 피우지 않으면 답답하고 갑갑한 사람 축에 들게 되는 사회 풍토였다. 그래서 술 잔 권하는 것은 예의에 속하였고 처음 만나면 담배를 권하는 것이 일상의 인사였던 시절이다.

'술이나 아니나 반 잔'이란 별호가 붙은 김남곤, 술배기 진동규 소재호 서재균 정희수 이동희 정군수 조기호 정덕룡 김학 정주환 전영래 송영상 김동수 권경승 김학룡 최승범 김범준 이호선 이보영 김용옥 목경희 이기반 황길현 김종태 김순영 이용찬 박석구 김용배 오하근 정양 이목윤 이운용 박만기 주봉구 류희옥 유휘상 등 그런 문인들이 주식회사 술청을 출근하시는 명단이다

내가 이렇게 여러 문인을 불러낸 이유는 위에 적힌 분 가운데 수필 쓰시는 분을 찾아보기 위한 것이다. 정덕룡 김학 정주환 전영래 송영상 최승범 김범준 이호선 이보영 목경희 김순영 이용찬 정도가 수필을 쓰시는데, 그중 진짜 수필 쓰는 작가는 대여섯 분밖에 없다는 것이다.

1965년에 허소라의『흐느끼는 목마』와 66년에 최승범의『반숙 인간기』, 69년에 이보영의『밤의 소묘』가 전북 문단에 수필의 문을 연 게 수필의 활동 전부였다.

정덕룡은 애당초 도청에 다녔는데 그의 고등학교 친구인 양상렬 변호사가 전주 중앙시장번영회장을 맡게 되어 중앙시

장 건물을 신축하게 된 관계로 도청을 사직하고 시장번영회 사무국장을 맡았다. 당시 이목윤은 공사감독을 하였다. 번영회가 끝나자 경원동에 마한문화사란 출판사를 차려서 수필하는 분의 아지트 겸 휴게소가 되었다.

그 무렵 술청에 제일 먼저 도착하는 게 그와 나였다. 그는 성질이 급해선지 말을 더듬는다. 말을 하려면 눈을 감고 입을 딸싹거리며 한참을 더듬어야 첫말이 나오는데, 그런 말로 자기와 가까운 사람들에게 거짓말을 해서 싸움을 붙여 놓고 그들이 싸우게 되면 손뼉을 치고 기막히게 재미있어 하는 몹쓸 장난꾸러기였다. 그의 얼굴을 자세히 보면 얼굴에 장난기가 자글자글 붙어 있다.

그의 거짓말은 금방 들통날 정도의 거짓말이라 그로 인한 피해는 별로 없는 편이고 한 번 속은 사람은 두 번은 속지 않는다. 그의 특기는 술을 반 잔만 마시고 나머지는 부어버리는데 언제 술값을 계산했는지 모르게 술값을 내고 살짝 먼저 도망가는 습성이다. 그러니 하루 저녁에 여러 군데 술집을 다니므로 문인들을 많이 만나게 된다.

그 이유는 수필문학회를 만들기 위한 포섭 작전이었는지도 모른다. 왜냐하면 당시 수필문학회를 결성하는 데 인원이 절대적으로 부족했기 때문이다. 필자에게도 수필문학회에 가

입해 달라고 몇 차례 부탁하였으나 수필은 수필 하시는 분끼리 하는 게 좋은 거라며 정중히 사양하였다. 그래도 시인들에게 부탁하여 김남곤 진동규 최승범 이기반 이병훈 정렬 소재호 정희수 김용옥 조미애 허소라 고헌 박순호 강인한 이만철 이런 시인들의 협조를 얻어 어렵게 수필문학회를 창립하게 되었다.

노년의 몸으로 전북 연극을 위하여 노심초사 애쓰신 박종화 선생님이 대각봉투를 한시도 손에서 놓지 않으시고 다니듯이, 정덕룡 수필가도 그 서류뭉치가 든 봉투를 끌어안고 여기저기 쫓아다니며 눈물나는 고생을 무릅쓰고 노력한 보람이 있어 1969년 한국문인협회 수필문학회 전북지부를 열어 초대회장에 최승범 박사를 모시고 창립총회를 발족하였다.

부회장에 정읍 김동필을 세우고 정덕룡 김학 정주환 전영래 김희선 송영상 한대석으로 구성하여 전북수필 문학의 앞길을 열어준 정덕룡은 참으로 수필밖에 모르고 살다 간 위대한 내 친구였다.

암울하던 시절의 囍다방 소묘

4·19혁명에 이어 군사쿠데타가 끝나고 얼마 지나지 않아 예술계 전체가 참으로 암울했던 시절이었는데도 이곳에 들어서면 베토벤의 교향곡이거나 슈베르트의 「겨울 나그네」가 은은히 흐르다가, 패티 페이지의 「테네시 왈츠」나 「체인지 파트너」 노래가 환하게 햇살이 퍼진 30여 평 남짓한 홀 안을 잔잔히 흘렀다.

예술가들의 나직한 담화 소리와 차를 나르는 젊은 여인의 하이힐 소리가 또각또각 상쾌하게 들리는 작고 아담한 찻집 '囍다방'.

한쪽 구석에 모여 앉은 젊은 실업자들은 게오르규의 『25시』

가 어떻고, 이상과 카뮈와 실존주의와 샤르트르, 헤겔을 들먹거리며 고갱의 「타히티 여인」까지 이빨도 안 난 강아지 짖는 소리로 시시덕거리며 푼수를 떨고 있는 곳이다. 전주중앙동에 위치한 우리나라 바둑의 국수 이창호네 '이 시계점'에서 조금 내려가 시멘트계단을 오르면 이층에 다방이 있었다.

문인을 비롯한 화가 음악가 예술계 인사들과 연극과 인형극을 하는 분까지 모든 예술가들이 모여드는 곳이다.

항시 웃음이 적고 쌩동그롬한 얼굴로 카운터에 앉아있는 30대의 밉지도 예쁘지도 않은 주인 마담과 부잣집 맏며느리같이 넉넉하고 정숙한 한복 차림으로 차를 나르며 손님이 실없는 농담을 건네면 가만히 귀에다 대고 "속 좀 차리시라."고 나직이 일러주고 가는 큰누님 같은 여인 배 양과, 전형적인 팔등신 S형의 날씬하고 고운 얼굴로 생기발랄하며 생동감 있는 걸음으로 젊은 여인의 향기를 풍기면서 찻잔을 나르는, 고향이 인천이라는 미쓰 김과 두 여인이, 실업자인 우리 젊음에게까지 따순 미소를 건네주며 손님을 맞이해 주었다.

그 다방에 출입하는 고객 중에서 문인으로는 주먹만 한 목울대로 우렁우렁 말씀하시는 신석정 시인을 필두로 학 같은 풍모로 전고에서 국어를 가르치는 김해강 시인이 간혹 들르셨다.

『완산고을의 맥박』을 쓰고 이강주 전통을 부활시켰으며 붓글씨를 잘 쓰시는 작촌鵲村 조병희趙炳喜 시인, 전고에서 교편을 잡다가 그만두고 만년 노총각으로 평생을 여인숙 신세로 사는 이철균 시인, 유월전쟁 때 피난 내려와 전주에 아주 정착해버린 연극의 대가 박동화 극작가(선생은 전북연극 부활에 지대한 영향을 주었다. 부인이 초등학교에서 교편을 잡고 있어서 그 박봉으로 생계를 꾸려 가느라 어려웠으나 항시「나의 독백은 아직 끝나지 않았다」란 대본이 든 누런 대각봉투를 옆구리에 끼고 인봉리 방죽 윗동네 집에서 하루도 빠짐없이 희다방에 묵묵히 나오셔서 다방 한쪽 모퉁이 자리에 그림같이 앉아 시간을 보내셨다), 백양촌 시인의 제씨로 5·16 군사쿠데타 후에 폐간시킨 민족신문인가 하는 곳에서 편집국장을 지냈다는 문인 신호 씨도 매일 출근하다시피 하였다.

『전주야사』를 저술한 청포 이철수 선생이 완산동 날맹이에서 내려오시고, 경찰국 공보실에 근무하다 후에 경무과장, 종로경찰서장을 지냈으며,『현대문학』지에 수준 높은 시를 발표하던 백초 전재보白初 全載寶 시인, 역시 경찰국 공보실에 근무하면서도 경찰 제복 입은 것을 한 번도 본 적이 없는 말끔한 신사복 차림의 단정하며 굵은 검정 테 안경 속에 잔잔한 눈웃음을 가득 피우고 사는 수필가 김범준 선생님(길 건너 삐

걱거리는 목조계단 이층을 기어오르면 조개탄 난로가 활활 타는 가로수다방이 있는데 그곳에서 언젠가 고하 최승범 시인과 필자가 '헝그리영맨' 선언문 관계로 입씨름을 가볍게 할 때도 선생은 난로 가에 앉아 예의 그 잔잔한 미소만 띠고 바라보시던 분이다), 신석정 시인이 간간이 필화로 경찰국에 구금되면 전재보 시인과 김범준 수필가가 노심초사 애를 많이 쓰기도 하였다고 한다.

희다방 하면 그림 잘 그리는 화가 겸 시인이기도 한 이준성李浚成 화백을 빼놓고 말할 수 없다. 일찍이 당시엔 귀한 열대어를 길렀는데 서울에서 내려오는 기차 안에서 비싼 열대어라고 했다가, 이놈이 시골 영감이라고 놀린다며 담뱃대로 머리를 얻어맞기도 한 분이다. 전고에서 잠깐 교편을 잡았으며 『목운 시집』을 상재한 다재다능한 분이었으나 1961년 서른한 살의 한창 젊은 나이에 폐결핵으로 타계하였다. 그를 아끼던 친우들과 이호선 기자와 제자 조풍삼 등의 주선으로 도 공보관 전시실에서 유작전을 하였는데 유작전 안내장에 「만추점경晩秋點景」이란 그의 시가 인쇄될 정도로 시를 사랑한 시인이었다. 그가 그렇게도 사랑하던 여인 소영素英을 두고 떠나던 날, 신석정 시인께서 목멘 조사를 읽기도 하셨다.

그와 단짝인 만화가 만보 전연상 화백은 USIS 미국문화원 직원으로 재직했는데, 당시에는 다른 사람의 월급보다 월등히 높은 좋은 조건이어서 가난한 화가들과 우리 젊은 사람에게도 차와 술밥을 잘 사주는 물주이기도 이준성 화백과 다방에 둘이 마주앉아 손짓 눈짓으로 하는 껌딱지공기놀이는 재치와 손놀림이 자못 가관이어서 뭇사람들을 많이 웃기기도 하는 재주를 가진 분이었다.

또한 이준성 화백의 절친한 친구분으로는 당시 전북대 대학원에 적을 두고 있던 시조시인 고하 최승범 교수가 있었다. 고하 최승범 시인은 남원 특유의 정감 어린 말씨로 주변 사람들을 잘 챙겨주는 분이었다. 일찍이 시조로 일가를 이루었으며 수필 또한 백미로 높은 경지에 오른 문인이었다.

무슨 연유로 전주에 와서 사셨는지는 모르지만 전남 해남 출신으로 1950년 문예지에 「새댁」 「혼야婚夜」가 추천되어 한국적 정서를 섬세한 리듬으로 노래한 「강강술래」를 쓴 멋쟁이 심호心湖 이동주李東柱(1920-1979) 시인이 여수 출신으로 1963년에 전라북도 문화상을 수상한 그의 부인인 소설가 최미나崔美娜와 함께 가끔 올라오셨다.

여류문인으로 다방 부근의 건물에서 '順美社'란 양장점을 경영하고, 훗날 경양식집 경희살롱을 하시던 목경희 수필가와 저금관리국에 다니는 처녀 수필가 김순영이 자주 들렀다.

항상 나비넥타이를 매고 다니는 키가 큰 이기반 시인도 문화연필공장이 끝나면 자주 들렀다. 한번은 그 넥타이로 인해 곤혹을 치른 적이 있다. 목경희의 경희살롱에서 나비넥타이를 차고 어정거리고 다니는 시인에게 나와 같이 간 건설회사 사장 최연규 씨가 종업원으로 착각하고 "야, 여기 술 가져와." 외치는 바람에 혼비백산한 내가 민망하여 어쩔 줄 몰라 얼굴이 붉어지기도 한 일이 있었다.

곰방대 같은 파이프를 입에 물고 예술가의 풍모를 흠뻑 풍기는 영화 시나리오 작가 겸 영화를 만드는 김종환金宗煥 작가도 거의 지정되다시피 된 자기 자리에 앉으면 그를 따라 영화쟁이 몇이 들락거리기도 하였다.

전북일보 문화부장으로서 패기 넘치는 젊은 기자로 활약하면서 수필도 발표하던 미남 기자 이호선李鎬墡, 필명 李湖仙도 매일같이 출입하였다. 그는 젊은 남녀 등산모임인 '에델바이스클럽'의 지도자였다. 그와 함께 동행하는 도청의 이화욱 씨도 자주 찾아왔는데, 이 수필가는 훗날 전주대학에서 문학을 강의하였다.

훌쩍 키가 크고 마른 제대군인이 제대복 차림으로 끈 풀린 군화를 질질 끌고 다니며 묘한 웃음을 곧잘 날리던 전영래 화백도 있다. 그는 전여고를 졸업한 여인과 약혼을 한다고 하더니 어느 날 약혼반지인지 누런 금반지를 끼고 와서는 우리 곁에 다가와 반지 낀 이유가 남들이 자기를 덜떨어지고 속이 없는 가벼운 사람으로 인정하도록 일부러 그런다며, 묻지도 않은 알 듯 모를 듯한 변명 겸 자랑을 그 특유의 히히히 웃음으로 늘어놓았다. 그후 그림은 때려치우고 전북일보 문화부기자로 입사하여 '전라산천'을 신문에 연재하다가 초대 전주박물관장을 지내며 수필도 발표하는 문인이 되었다.

전북화단에는 한국 화단의 거목인 금릉 김영창 화백을 비롯하여 8·15 해방 후 이순재 화백이 설립한 '동광미술연구소' 동기생들인 하반영, 조병희, 배형식, 전영래 같은 화백들이 진을 치고 있었으며, 전주여고에서 교편을 잡으면서 수채화만을 즐겨 그리는 김용봉金用鳳 미술선생이 자주 나오셨다.

전북문단 일화에서 전북의 화백들을 거론하는 것은 당시의 문인과 화백은 한타령으로 어울리는 관계였다는 것을 말하기 위해서다. 문인들이 다방에서 간간 시화전을 열었는데 문인과 화백은 늘 소통해야 하는 처지여서 떼어놓고 이야기할 수 없기 때문이다.

희다방 고객으로 빠질 수 없는 분이 천재화가 하반영 화백이다. 하 화백은 일찍이 금릉 김영창 화백에게서 사사하였으며, 미국인 가수 엘비스 프레슬리의 발 떠는 춤 동작과 뛰어난 재담으로 청중을 즐겁게 하시는 익살로 일가를 이루었다. 생계를 위하여 극장 간판을 그리다가 화가로 변신하여 전북 화단의 대표적 화가로 명성을 날린 분으로 희다방 단골손님의 기둥 격이셨다.

서울대학 미술대를 졸업하고 전주사범에서 교수로 재직하시는 홍순무 화백도 간간이 출입하였다. 홍 화백은 고창 만석꾼 집안 자손으로 국회의원을 지낸 홍순의 의원의 아우가 된다. 홍 의원은 나의 큰동서로 사돈지간이고 또한 나의 사촌동생 조풍삼이 서울대 미대 다니는 후배라 하여 더욱 아껴주는 관계였다. 훗날 원광대 미대 창설 교수로 막대한 공헌을 하였으며 홍익대 미대 조각과를 졸업하였다. 전북에서는 처음으로 국전에서 대통령상을 수상하였으나 취직자리가 없어 룸펜으로 다방을 기웃거리던 야생 기린 같은 야린野麟 배형식裵亨植 조각가도 다방에 진을 쳤다. 신의 손을 가진 조각가로 공설운동장 수당문 앞에 세운 동상과 예술회관 복도에 조각한 남자 나체의 성기를 떼고 붙이는 문제로 시청 공무원과 잦은 충돌도 겪어서 이겨낸 관록의 예술가다.

동문사거리에서 금파무용학원을 차려 아이들에게 무용을 가르치는, 한량춤을 잘 추고 술과 놀기를 좋아하는 금파 김조균은 심심하면 다방으로 찾아와서 술과 차를 사주고 가기도 하였다.

우리나라 인형극의 대가로 손수 인형 제작과 설치 그리고 연출과 성우 역할까지 하는 김동순 선생은 부르는 곳이 없어 공연을 못 하는 날에는 우리들과 함께 다방에 죽치고 앉았다. 가난하디 가난한 사정을 딱하게 여긴 전매청에 다니는, 사람 좋고 그림 잘 그리는 이복수 화백이 불러주는 날이면 무대장치며 안막 기타 도구들을 챙겨들고 설랑雪浪과 내가 따라다니기도 하였다.

문제는 우리들 젊은 실업자 '헝그리영맨'의 떼죽이었다. 군에서 제대하고 돌아와 취직은 어렵고, 돈 한푼 없는 건달들이다. 그들은 서푼어치도 안 되는 글 나부랭이나 끼적거린다고 다방에 틀어박혀서 차 나르는 여인에게 눈총을 받아가며 담배만 피워대다가, 어쩌다 아는 분이 너희들 차 마셨냐고 물으면 대뜸 "아니요." 대답하고는 엽차만 마셔대던 미안함을 조금이라도 만회할 요량으로 값비싼 위스키티나 하이볼을 시켜서 그간의 무렴을 끄려 했던, 진짜 술배가 고픈 헝그리영맨 동인들이었다.

예수쟁이 매형 따라 미추홀인가 김포 어디론가 훌쩍 날아가 버려서 생사도 모르는, 가녀린 어깨를 옆으로 흔들며 어슬렁거리던 자칭 설랑이란 호를 가진 백수건달 김용배金容培.

서울대 미대를 다니다 판문점에서 이북 학생대표와 회담을 한다고 설치다가 쫓겨와 휴학 중인, 아직 덜 완성된 그림을 그리며 시도 잘 쓰는 조풍삼趙豊三.

훗날 임실 부군수로 공무원 막을 내린 보강재 너머 평촌에 사는 수악한 촌놈으로 모과덩어리같이 생긴 소설쟁이 이용찬李庸瓚, 도공무원교육원에서 노름을 하다가 전기가 나가면 사환아이를 시켜 혼다 자전거 바퀴에 붙은 발전기를 돌려서 노가 나면 한푼씩 떼어주며 노름하던 드으런 놈.

군사쿠데타로 폐간된 신문사 기자를 하다가 실직하고 『사상계』 잡지에 소설이 당선된 후, 술 먹고 형사와 싸우다가 부러진 이빨 보상금으로 술을 사주던 의기소침한 권태익權泰翼은 전북일보와 한국일보 편집차장을 하다가 미국특파원으로 나가서 아주 주저앉았다.

과수원 경영하다 빚잔치로 망해 먹고 알거지가 되어 백수로 지내는 나와, 뒷날엔 정읍 부시장까지 지냈지만, 그 때는 늙은 홀어머니를 모시고 어렵게 살던 글씨가 달필인 이빨 빠진 이병호李炳浩.

모두가 차 값이 없어 애꿎은 엽차만 마시면서도 '헝그리영맨선언문'과 1960년대 동인지 『시와 소설』이란 사화집을 발간했다. 이병호가 가리방을 긁고 나는 등사판을 밀며 조풍삼의 표지 장정으로 꾸며서 만든 것이, 훗날 '문예가족동인'의 기틀이 되었다. 이를 색안경으로 보는, 다방 출입하는 도경 정보과 전상환 형사의 유도심문도 받았는데, 그 인연으로 건축 공무원 시험에 합격하고도 신원조회에 걸려 발령을 받지 못하고 애태우는 나의 신원조회를 당장 풀어주는 은혜를 베풀어 주었다. 그 후 그는 전주경찰서장을 지냈다.

그 와중에도 봄은 어김없이 찾아왔다. 당시에는 전주 시내에 백목련나무가 서 있는 집이 몇 군데 없을 때여서 목련꽃 구경하기가 어려운 시절이었다. 그 무렵이면 귀신같이 시망스런 설랑이 녀석이 어디서 꺾어 왔는지 하얗게 핀 목련꽃과 꽃망울 진 가지를 가지고 와서 희다방 카운터에 꽂아놓았다.

다방 안이 새봄을 맞은 듯 환하여 기분이 좋아진 주인마담이 우리들에게 커피 한 잔씩을 돌려주기도 하여서 설랑이 녀석 덕택에 팔자에 없는 공짜 차도 더러 마셨다.

정숙하고 인정이 넘치는 가슴을 가진 배 양과 항상 생기발랄한 미녀 미스 김. 하루 종일 엽차만 홀짝거리는 우리에게 빈 엽차 잔을 채워주고 수북하게 담배꽁초가 쌓인 재떨이를 비워주기도 하면서 따뜻한 미소를 건네주던 두 여인의 배려가 참으로 고마웠다.

세월은 가고 모두가 생활 전선으로 뿔뿔이 흩어졌다. 나는 무주군청 공무원으로 발령이 났다. 봉급 타는 날, 오랜만에 전주에 나와 석정 선생과 선생의 친구 분들이랑 저녁을 모시고 다방에 들렀는데 분위기가 옛날 같지 않았다. 미스 김도 배 양도 보이지 않아 물었더니 배 양은 시내 어느 내과병원에 간호사로 갔다고 한다.

옛날의 고맙고 미안한 마음을 조금이나마 꺼보고자 제과점에 들러 조그만 선물과 꽃을 사들고 배 양을 찾아갔으나 전직이 수치스러워 감추고 싶어서였는지 무슨 이유로 그랬는지 만나 주지 않아 허탈하게 그냥 나오고 말았다. 그 후로 두 여인의 소식은 어디서도 들어보질 못했다.

희다방에 드나든 그 기라성 같은 예술가들. 비록 가난했지만 그 암울했던 시절에도 자기 예술을 위하여 치열하게 살아온 많은 별들이 이제는 몇 분 생존해 있지 않다. 정말로 훌륭한 예술인들을 저승으로 모셔간 세월이 야속하기만 하다.

최영 시인의 회억

최영 시인과 첫 만남은 진동규 시인과 매일 저녁 술타령으로 젊음을 갉아먹던 1970년대 중반쯤으로 기억된다. 그러니까 '청녹두 동인' 훨씬 전인 셈이다. 소탈하고 술 잘 마시고 시 잘 쓴다는 평판이 자자한 친구여서 사귀기가 참 쉬웠고, 곧 허물없는 처지까지 발전한 사이가 되었다.

지금은 고인이 된 김학 수필가가 남원방송국에 재직할 때 '청녹두동인'을 초청하여 시 낭송을 하였다. 교통편이 마땅찮아 내가 승합차 하나를 빌려 왕복하게 되었는데, 시 낭송 끝에 술 한잔 마신 최영 시인이 앞자리에 앉은 문단의 선배이신 최종규 시인의 뒷머리를 잡아당기며 히히거리고 웃는다.

연세로 보나, 선후배로 따져도 그럴 처지가 아니었다. 황망한 내가 말려도 소용없었다. 점잖은 최 선배가 잔기침하며 참는다. 민망한 내가 사과를 했다.

어느 날 석양에 단골 술청에 앉았는데 진동규 시인이 들어오더니 생동그런 얼굴로 대뜸 "나 좀 봅시다." 하며 한쪽 구석으로 데려가더니, "날더러 벼슬밖에 모르는 놈이라 했다면서요?" 하고 눈을 부라린다. 날벼락도 유분수지, 화가 치민 내가 고함을 쳤다. "뭐라고? 벼슬밖에 몰라? 어떤 놈이 그러는데?" 물었더니 "아, 저그 누가 그럽디다." "뭐야? 어떤 놈이야? 그놈을 대. 그렇잖으면 자네가 만든 말로 알 테니까." 하고 윽박지르니 "군산 최영이 그러던데요." 하고 털어놓는다.

"최영이라고? 이놈의 자식을 당장, 지금 군산에 가자고, 가서 확인하자고!" 진 시인의 소매를 잡아끌었다. "내가 그 녀석을 본 지가 몇 달이 넘었고, 군산에 간 일도 전화 한 통화도 없었는데 이게 무슨 모략이란 말인가. 자네는 그 내막을 알 게 아닌가?" 몰아댔더니 슬그머니 뒷걸음친다.

"히히, 내가 그놈 버릇 좀 고치려고 형님을 팔아먹었지 히히." 수화기에 건너오는 목소리다. 썩을 놈.

군산에서 거행한 행사 끝에 술을 마시고 나서 최영이 한사코 저의 집에 가잔다. 안방에 차린 술을 한 모금하려는데 느닷없이 "당신은 여기 무엇하러 왔어? 가! 가라고! 빨리 가라고!" 정색을 하고 소리친다. 이런 미치고 환장할 노릇이 있단 말인가? 부인이 미안해서 "당신 왜 그래요? 손님 모셔다 이게 무슨 망신이요?" 한다. 속이 뒤집힌 나는 밖으로 나와 버렸다.

이튿날 오살놈이 전주까지 찾아와 죽을죄를 지었노라며 술 마시자고 이끈다. 이러하니 이걸 미워할 수가 없지 않은가. 그냥 웃고 말았다.

전주에서 무슨 회의나 모임이 있을 때면 군산 여류 문인들을 서너 명씩 모시고 온다. 행사가 끝나고 나면 우리 단골 술청에서 여인들과 함께 술을 마신 뒤에 "기호 성, 군산 갈 택시비 내놔." 맡긴 듯이 재촉을 한다, 그때는 지금보다 택시비가 비쌀 때인데도 어쩌겠는가? 택시로 여인들을 모시고 가면서 자랑을 늘어놓는다. "내가 말이야, 조기호에게 택시비 달라면 그냥 주거든. 기호 성이 사람이 좋거든." 여러 차례 그렇게 당했어도 아깝지 않았다. 그걸 예쁘게 보아주신 군산 원로 여류 문인께서 시방도 가끔 마른 가오리를 한 상자씩 택배로 보내주신다. 황송하고 미안해 그러지 마시라고 해도 한사코 보내신다. 참 고맙고 죄송하다.

내가 군산 옥구에서 근무할 때는 군산 문인들의 회합에 나를 꼭 데리고 갔다. 그 덕택에 군산 문인들과 소통하게 되었다. 그곳에서 원로시인 이병훈 형님을 뵙게 되고 술집에 모시고 다니기도 하였다.

인정 많고 활달한 성격인데, 어쩌다 몹쓸 병마에 걸려 시와 술과 문우와 처자식과 낭만과 베풀어야만 직성이 풀리는 소갈머리를 두고 이승을 떠나 먼저 가버리고 말았다. 병훈이 성도 가고, 몸에서 인정이 줄줄 흐르는 소설쟁이 라대곤도 가버려서 군산이 텅 빈 것 같아 군산에 가면 무던히 쓸쓸하다.

우주콩 이야기

노랗던 은행잎이 지고 소슬바람이 오스스한 늦가을날, 평생을 가난 농사만 짓고 산 김종태金鍾泰 시인이 세상을 떴다는 기별이 왔다. 평소에 자기 말씀대로 천주학쟁이가 되어 여기저기 어정거리더니 언제 삼례까지 흘러갔는지 삼례성당에서 별세했다기에 진동규 시인과 함께 조문을 갔다.

1960년대 초 '문예가족동인'을 함께 만들어 시작詩作을 같이하던 김종태 시인. 그는 학교 수업이라고는 초등학교가 전부인 학력의 소유자임에도 그림을 그려 전시회도 가진 화백이며, 재단하는 양복기술자로 다재다능한 수재였다. 천성이 가난을 사랑하는 인물이었는지 모르되, 어쩐지 돈과는 인연이 없는 외골수 고집쟁이기도 하였다.

그가 쓰는 시가 돈이 되지도 않지만 그림 역시 팔리지 않아 돈이 되지 않았다. 양복기술자로 일하다가도 자기 의견과 맞지 않으면 주인과 한바탕 싸우고 나와버리길 몇 차례 하더니, 옛날 전주극장 들어가는 입구 옆 사거리에 점포를 얻어 '모던양복점'을 차렸다. 자기보다 내가 발이 조금 넓고 건설업자들과 교분이 있다 보니 양복점 대표를 나에게 해달라며 내 이름으로 명함까지 찍어 주었다.

하는 수 없어 나부터 두어 벌 맞추고 가까운 친구와 건설업자 몇 분에게 부탁하여 옷을 맞췄다. 양복 스타일이 당시 유행하는 형식이 아니고 옛날 스타일이어서 '모던'이 아니라 '구던'이라는 핀잔을 모질게 들었다. 그러하니 양복점이 될 리가 없어 몇 달 지탱하지 못하고 문을 닫았다. 그 후로 좁은목을 지나 자동차운전면허시험장 앞쪽의 논을 세내어 오이며 가지, 호박 등 여러 채소 농사를 지어 팔았는데 그마저도 실패했다. 이것저것 가난만 농사짓다가 한동안 소식이 없더니 무슨 연유로 이곳 삼례 천주교성당까지 흘러들었다.

성당 입구 쪽에 포장을 친 빈소엔 한쪽 입이 조금 틀어진 김종태 시인의 영정만 덩그렇게 걸려있고 문상객은 없어 썰렁했다. 상주인 어린 딸아이만이 한편 구석에 웅크리고 서 있었다. 하긴 여기가 고향도 아니고 오래 기거하던 곳도 아닌데 조문객이 북적거릴 터무니가 없을 게다. 같이 간 진 시인과 마주앉아 맥주 한 잔에 돼지수육 한 점을 먹고 나와 마침 지나는 택시로 전주로 왔다.

전주에 도착하니 술 시간이 어지간히 되어 단골로 다니는 전주체육관 최종식 관장의 맥주홀 '전하' 이층에 자리 잡고 앉았다. 술을 마시는데 곁에 앉은 진 시인이 호주머니에서 노란 콩을 한 주먹 꺼내어 씹으면서 맛있는 '우주콩'이라며 나도 한 알 먹으라고 준다. 무엇이기에 우주콩이라 하는가 하고 살펴보니 알록달록한 무늬가 기하학적으로 그려졌고 마치 우주의 섭리를 닮은 듯 묘하고도 신기한 색깔과 무늬가 우주선을 타고 신비의 세계로 들어가는 것 같은 착각에 이를 만큼 아름다웠다. 한 알 깨물어보았다. 비릿하고 맛이 없어서 안 먹겠다고 하였으나 먹어두면 몸에 참 좋은 것이니 약간 비려도 먹어 두라면서 억지로 고집을 부린다. 천하에 소문난 진陳 고집을 당해 낼 수가 없어 그냥 먹었다.

자기는 두 개 먹고 나 하나 주고 간혹 카운터 앞에 앉은 아가씨에게도 한 알을 주면서 밤늦게까지 술을 마셨다. 집에 와 잠을 자다가 갑자기 복통이 나서 화장실로 갔는데 이게 웬일인가. 위로 토하고 아래로 쏟은 뒤 방에 돌아와 눕기 바쁘게 들랑거리기를 날이 새도록 했다. 아랫배는 틀어 빼고 위로 토하고 또다시 토하다 보니 창자가 온통 따라 올라오는 것처럼 아프고, 나중에는 나올 게 없는지 노란 쓰디쓴 물만 넘어왔다. 어질어질 정신이 멍하여 다리가 휘청거려서 곧 쓰러질 것 같아서 문설주를 잡고 다녔다. 다행이 화장실이 침실 곁에 붙어 있었으니 망정이지 옛날 변소처럼 멀리 떨어져 있었다면 어쩔 뻔했을까를 생각하니 등골에서 송골송골 식은땀이 난다. 머리 속이 텅빈 것 같고 몸뚱이가 부영하여 붕 떠서 마치 우주를 유영하는 우주인처럼 공중에서 허우적거리는 듯하기를 밤새 반복하다가 겨우 새벽녘에야 잠이 들었다. 그날은 직장에 출근도 못 하였다.

그다음 날 '전하'에서 만난 진동규 시인이 "형님은 그저께 괜찮으셨습니까?" 묻기에 "괜찮은 게 뭔가 저승에 갔다 왔네. 삼례 가서 먹은 거라고는 돼지수육 한 점밖에 없는데 왜 그랬는지 모르겠다."라고 했더니 형님보다 더 많이 먹은 저는 아주 가는 줄 알았다며 우주콩 때문이란다.

이런 웬수가 있는가. 나는 그것도 모르고 먹었잖은가. 주먹총을 한 대 먹이는데, 앞에 앉은 아가씨는 그날 밤 우리들이 가고 난 뒤에 그 자리에 쓰러진 채 잠들어버려서 잘못했으면 얼어서 동사할 뻔했다며 고운 눈을 흘긴다. 죄를 지은 진 시인은 두 눈을 끄먹거리며 손바닥을 위아래로 번갈아 치면서 "아그 저그"만 되뇐다.

알고 보니 우주콩이란 게 진 시인이 재직하는 신흥중학교 운동장에 있는 등나무 열매였다. 독성이 아주 강하고 염색염료나 그림 그리는 물감 재료로 사용하는 것이라는 것을 그후에 알게 되었다.

어찌되었든 진 시인 덕택에 우주콩을 먹고 허공에 둥둥 떠서 저승과 이승을 밤새도록 왔다갔다 우주 부양을 하였으니, 고맙다고 치사를 해야 할지. 지금도 신흥학교 곁을 지나며 짙푸르게 넝쿨진 등나무를 보면 우주콩 생각에 가벼운 미소를 짓는다.

소년의 추억

나는 다섯 살에 태어났다. 다섯 살 이전에도 분명히 나라는 개체가 존재하였을 터지만 전혀 기억이 떠오르지 않고 다섯 살 되는 여름 시골로 이사 가는 소달구지 위에 앉았을 때부터 기억이 나는 까닭이다.

계산해 보면 1943년 여름쯤, 모래내다리 부근에서 자그마한 가게를 하는 사돈댁(백모님 여동생)에게 이사한다고 인사차 들른 모양이다. 사돈댁이 가게 바닥에 깔린 유리 진열장을 열고 꺼내준 흰 가래떡 한 토막을 먹은 기억과 점포에 진열된 물품 가운데 네모진 큰 성냥통과 옴박지에 담긴 풀밖엔 기억이 없다. 그때는 송편처럼 생긴 풀을 가게에서 팔았다. 옷에

풀먹이려고 사 가는 것이다. 당시는 소위 태평양전쟁 중이라 생필품이 귀하기도 하였지만, 진열된 상품이 신통치 않은 건 자본이 딸려 가게 운영이 어려워서이기도 했다.

모래내다리를 건너니 붉은 벽돌 담장이 길게 뻗은 형무소(교도소)가 나왔다. 정문 쪽에 이르니 푸른 죄수복에 용수를 쓴 죄수들이 포승줄에 묶여 가는 게 보였다. 술독에서 술을 떠낼 때 박는 용수와 똑같았다. 아직 어려서 지각이 없는 탓인지 연민 같은 마음보다 무섭다는 생각이 들었다. 그다음에는 북문 거리의 외가에 들른 것도 같고 아리송하며 거기서부터 시골 마을에 도착하는 그림은 완전히 지워지고 없다.

긴긴 여름 해가 한 발쯤 남았을 무렵 도착한 마을은 궁벽한 한촌이었다. 납작 엎드린 초가집이 여남은 채 되는 작은 마을이다. 사립문이 없는 집들이 대부분이고 소나무를 꺾어다 얽은 울타리에는 키만 큰 가죽나무 몇 그루와 포플러가 넘어가는 햇살에 긴 그림자를 드리우고 있었다.

다행히 우리 집이라고 해서 들어간 집은 마을 가운데에 위치했는데 마당이 넓고 4칸 초가의 안채와 마당 건너 행랑방과 외양간 곳간 그리고 화장실 옆에 땔나무를 저장하는 허청이 딸린 행랑채가 있었다. 울타리는 역시 소나무 가지로 얽은 것이고, 일각대문이 붙어 있으며, 울타리 밑에는 처음 보는 돼지감자가 푸르게 자라고 있었다. 집 뒤쪽에는 어린이 오줌발 정도의 물이 졸졸 솟아나고 그 가장자리엔 향기 좋은 박하가 자라고 있다.

가난한 마을일수록 아이들이 많듯이 역시 이 마을에도 집마다 고물고물 많았다. 가진 농토는 없는데 식구는 많으니 자연 식량이 모자라 이웃 마을 송 첨지 집에서 고지를 내먹고 사는 형편이었다. 원래부터 붉고 파란 색색으로 물들인 꽃바구니며 소쿠리 광주리 같은 죽세공품을 만들어 삼례나 금마 장날에 팔아 생계를 유지하는 집이 서너 집 되고, 나머지는 이웃 마을 송 첨지나 다른 사람의 농지를 소작하는 처지였다. 그 외에는 무당인 당골네 집이 있었다. 시퍼런 작두날 위에 올라타는 신기를 가진 무녀는 개가 죽사발 핥아먹은 것처럼 얼굴이 반드름했고 나보다 한 살 아래인 그녀의 여식 딸그마니도 얼굴이 고왔다. 그 모녀는 내가 그곳을 뜬 뒤 서울로 올라가 무당은 작두 타는 것으로 무형문화재가 되었으며, 딸은 명문여대 무용과를 나와 이름을 날렸다.

우리 동네를 둘러싼 황토배기 땅 15정보와 내를 건너 15마지기의 논을 경작하기 위하여 아버지는 이곳으로 왔다. 이 땅은 원래 전주 고모부(아버지의 매형)가 재판하여서 이긴 재산이었다. 양조장과 여관과 신문지국을 경영하는 알부자인 고모부가 황무지 같은 오지에 와서 경영할 수가 없어서 평소 귀애하던 막내처남에게 준 것이다. 거기에는 남편을 쥐고 사는 고모의 작용이 컸을 것으로 짐작된다. 성격이 불같은 아버지와 백부님이 같이 일궈 만든 과수원 경영 문제로 서로 의견이 맞지 않아 고민하던 차에 고모의 제안을 받고 얼씨구나, 하고 이곳으로 솔가를 한 것이다.

그곳은 평생 바다 구경 한번 못하고 죽는 사람이 대부분인 수악한 오지다. 동네에서 약 500미터쯤 서쪽 낮은 언덕을 빨딱 넘으면 전주에서 삼례 금마 여산을 거쳐 강경 논산으로 올라가는 우마차길 정도의 신작로가 있다. 그 길은 지까다비를 벗으면 발가락이 하나씩 툭 떨어졌다는 문둥이 시인 한하운이 소록도를 찾아가던 "가도 가도 붉은 전라도 황톳길"이다. 신작로 곁으로 두더지굴 같은 옹기그릇을 굽는 황토 가마가 언덕처럼 길게 두 줄로 구릉을 이루어 있고, 주변엔 그에 딸린 식솔들이 사는 초가집이 대여섯 채가 옹기종기 붙어 있는 역터(역마을) 상놈 마을이다. 옛날『춘향전』에서 암행어사가 역졸들을 데리고 간 곳이다. 그때 역졸이 기거하던 건물과 마구간의 흔적은 없고, 옹기를 만들어 파는 백정들이 사는 마을이었다. 그곳 사람들에겐 아무리 연세가 높아도 반말인 해라. 하소, 하게 등 낮추어 반말로 하대를 한다. 남녀 할 것 없이 옷차림과 생김새가 꾀죄죄하였다.

지금 그곳은 고속도로 익산 나들목이 되었다. 그 옆엔 백석대학교와 공단이 들어서서 땅값이 부르는 게 값이다.

벌건 황토에는 전의 지주가 복숭아 과수원을 하겠다고 심어놓은 복숭아나무가 염병을 앓고 난 머리처럼 다 죽고, 어쩌다 한 그루씩 남은 나무도 관리하지 않아 삭정이가 되다시피하였다.

아버지는 고모부의 힘을 빌려서 그 넓은 황토밭에 고구마를 가꾸어 군산 알코올 공장에 납품하기로 하였다.

그래서 제일 먼저 한 일이 고구마순을 기를 온상을 짓는 일이었다. 땅을 약 1.5m 정도 깊이 파고, 위에는 경사지게 유리를 덮은 온상을 여러 개 만들었다. 고구마순이 자라 황토밭에 이랑을 낸 두둑에 고구마순을 심을 때나 풀을 맬 때는 인근 부락의 아낙네들이 수십 명 몰려왔다. 하루의 품삯으로는 지금의 것보다 약간 폭이 좁은 토스트 빵을 한 뼘 정도씩 작두로 잘라주었다. 오뉴월 땡볕에서 온종일 일한 값이 적은데도 사람이 몰려오는 것은 당시에 먹을 식량이 없기 때문이었다.

삐쩍 마른 가죽나무가 쭈뼛쭈뼛 야위어 수척해지는 잿배기의 척박한 황토마을에 땡볕만 수북하게 쏟아지는 늦봄, 왜놈들이 공출로 모든 골물들은 모조리 쓸어가 버리고, 시퍼렇게 탕이 난 콩깻묵을 배급해 주었다. 그러나 그마저도 형편없이 모자라 부황 들어 누렇게 뜬 얼굴이 되고, 막된장에 명아주 잎을 버무려 먹은 봉우네 새댁이 구와증으로 입이 틀어져 돌아가는 실정이었다. 송피를 긁어다 먹거나 자운영 비름나물 등 산과 들에 널린 풀과 꽃을 먹을 수 있는 것은 모조리 긁어다 먹어도 허기졌다. 형편에 시커멓게 탄 왜놈 토스트 한 뼘은 얼마나 귀한 식량이랴.

고구마순을 잘라내고 나면 남은 온상은 조무래기들 차지였다. 무광에 붙은 어린 고구마를 캔다며 휘두른 무당 딸 딸그마니의 곡괭이에 눈썹이 찢어진 나는 피를 한 됫박이나 흘렸다. 제 속곳을 찢어 상처를 싸매줄 때 건거찝찔한 새우젓갈 냄새가 났다.

통시암桶井 아랫마을 천주학당 종루가 높이 달린 동네까지 순사가 와서 열여섯 살 계집아이를 정신대로 끌어갔다. 무명치마에 손을 훔치고 나온, 딸을 가진 아줌마들이 고샅마다에서 수군거린다. 명순이 어머니는 두 손가락으로 코를 행- 풀어 생솔가지울에 처바른다. 배통쟁이 칠성이 아버지는 저번 달 징용으로 끌려가고, 징병을 피해 전주 사촌형은 잿배기로 숨어들었다.

천둥에 개 뛰어들듯 별동대가 수시로 쳐들어와 색대를 아무 곳이나 쑤셔대서 식량을 훑어갔다. 아버지가 나락 두 가마를 마을 뒤 포강 수문 아래 숨긴다. 물 먹은 나락을 몰래 꺼내다가 지은 밥은 싸라기밥이었으나 꿀맛이었다. 아무리 가난해도 아이들 눈은 틔워 줘야 한다며 서당을 열어 나도 천자문을 반절쯤 배우다 학교에 가게 되어 그만두었다.

약 시오리 되는 둔산리에 봉동초등학교 봉서분교장이 문을 열었다. 입학한 학생 중에서 일곱 살짜리는 나 하나뿐이고 모두 12세 이상의 아이들이다. 운동회 때는 연필 한 자루 노트 한 권을 타 본 적이 없다. 열두 살과 일곱 살의 경주는 구경꾼의 웃음밖에 게임이 되지 않은 탓이다. 원족을 가는 날, 담임은 열서너 살짜리들을 기준 삼아 높은 산에 올랐는데 내려올 때는 바위가 많은 곳으로 내려와 다른 아이들은 벌써 내려갔다. 미처 못 따라가 혼자 울고 있는데 뒤에 오던 같은 반 여학생들이 나를 업고 내려왔다. 그 여학생은 열여섯 살이었는데 사학년 때 익산인가 어디로 시집을 갔다. 아버지의 교육열은 대단해서 학교에 입학하기 전에 왜놈 글 '가타카나'와 '히라카나'를 가르쳐 주었다. 그 덕인지 운동은 떨어져도 공부는 수석을 차지했다. 당시에는 조선말을 하다가 빼앗긴 표딱지 수만큼 종아리나 손바닥을 맞았다. 싱가포르나 어느 섬을 점령한 기념으로 운동화와 고무신 몇 켤레가 배급되면 심지를 뽑아 주었는데 그것도 한 켤레도 타 보지 못했다. 당시 왜놈들은 우리 말을 못 하게 하기 위해선 갖은 악독한 방법을 다 동원했다. 겨우 일학년 어린것들에게도 표딱지를 열 장씩 나누어 주고 우리말을 할 때마다 한 장씩 빼앗게 하여 빼앗긴 수만큼 종아리를 맞았다. 방과 후나 공휴일에는 측백나무 열매와 목화 대 껍질을 벗겨오라고 강요했다. 태평양전쟁이 깊어질수록 모든 생필품이 모자랐으나 우리 어린이들에게 가장 어려운 것이 고무신과 운동화였다. 등교하려고 아침에 눈밭에 나설 때는 짚신 와라지 나막신 등속을 신고 나오지만 얼마 걷지 않아 끊어지고 벗겨져서 시오리 학교길의 눈 위를 맨발로 걷는다. 장작 난로가 활활 타는 교실에 앉으면 언 발이 녹느라고 아리고 저리는 게 보통이 아니다. 자연히 눈물이 쏙 빠진다. 그래도 여학생에겐 안 보이려고 안간힘을 쓴다. 수업이 끝나고 교실을 나설 때의 막막하고 을씨년스러운 심정이란 겪어보지 않은 사람은 잘 모른다. 집에 도착하여 아랫목 이불 속에 발을 넣고는 또 한바탕 울어야 한다.

그래도 시오릿길의 학교를 결석 없이 이 년을 다니고서야 광복을 맞아 해방이 되었다. 우리 어린것들은 해방이 무엇인지를 모른다. 다만 아침 조회 때 동쪽으로 향하여 참배하는 것과 일본말을 하지 않아도 된다는 것 정도밖엔 피부로 느끼는 게 없었다. 문제는 수업 시간이었다. 일본 교과서 "반자이 반자이 히노마루 반자이 만세 (만세 일장기 만세)"로 시작하여 "모모따로 상 (복숭아 님)" 까지 배우다 만 책이 없어졌다. 우리에겐 교과서가 없었다.

선생님이 칠판에다 써 주신 '가갸거겨구기가'의 한글을 배우고, 어느 서적을 보셨는지 또는 강습을 다녀오셨는지는 알 수 없으나 선생님으로부터 해모수와 하백과 유화부인과 고주몽을 처음 들었다. 그게 어린 내 가슴에 와닿아서 그때부터 국어와 국사를 좋아하게 되었고, 그 학과 시험 점수는 상위를 맴돌았다. 그것이 오늘날 글쟁이가 된 원인이었을 게다.

철봉 한 칸도 설치되지 않은 분교장에서 체육 시간은 맨손체조나 하는 게 고작이었다. 축구공 같은 건 구경도 못 해 보고 어쩌다 아이들이 가져온 연식 정구공으로 운동장을 뛰어다니는 형편이었다. 남학생들은 제기차기 땅따먹기 자치기 같은 걸 했으며, 여학생들은 고무줄놀이나 사금파리를 손가락으로 튕기는 놀이가 고작이었다. 그러나 봄 여름 가을까지는 학교를 오가는 야산과 들판과 시냇물에 무수히 널린 것들 전부가 놀잇감이었고 먹거리였다.

봄에는 산에 들에 진달래꽃 따 먹기, 찔레순 꺾어 먹기, 야산에 널린 삘기 뽑아먹기, 산딸기며 개똥참외, 까치알 내려 먹기 같은 소일거리가 수두룩했다. 특히 까치알 내리는 건 내가 전담을 했다. 낭창낭창한 미루나무 꼭대기까지 나무를 타는 기술이 월등했기 때문이다. 나무 밑에서 여학생들이 책보를 펴서 받으면 나는 위에서 귀신같이 책보 위로 알을 떨어뜨리는 명수였다. 밭에 널린 대파를 끊어다가 알을 깨어 넣고 모닥불에 구워서 먹었는데 둘러앉은 여학생의 광목 속것의 솔기가 터진 걸 훔쳐보는 맛이 간간하였다. 땅속에다 집을 짓고 사는 땅벌집을 건드려놓아 뒤에 오는 여학생들이 벌에 쏘여서 이튿날 결석하는 바람에 담임선생님에게 종아리를 실컷 맞았던 기억도 생생하다.

벽지 학교여서 모자를 쓴 학생이 나뿐이었다. 아이들이 서로 빼앗아 쓰는 바람에 머리에 기계독이 올라 마늘 빻은 것부터 송장 뼛가루까지 발랐다. 그 독한 기운 때문에 머리가 돌대가리가 되어 오늘날 삼류 글쟁이밖에 못 한다. 여름엔 시냇물에 들어가 맨손으로 수풀 속을 더듬어 붕어를 잡아 강아지풀을 꿰어 꿰었다. 그 시절엔 맨손으로 잡을 만큼 물고기가 많았다. 뱀장어와 메기는 참게 굴에 같이 살았는데 게를 잡으려다 메기나 뱀장어를 잡기도 했다.

사학년으로 올라갈 때 우리 아버지의 지나친 자식 욕심을 이용한 담임의 꾐에 빠져 나는 사학년을 건너뛰어 오학년으로 월반하였다. 사학년부터 수학의 분수를 배우는데 그걸 배우지 못했으니 그때부터 수학에 취미가 점점 떨어져 수학 점수가 형편없이 되었다. 그러다보니 국어와 국사 같은 학과에 치중하게 되어 오늘날 글을 쓴다고 컴퓨터 자판을 두드리고 앉아 있는 신세가 되었다.

그렇게 오학년을 보내고 육학년 중간쯤 되어 전주로 이사를 하게 되었다. 그 이유는 고구마 농사 때문이었다. 일본이 패망하자 알코올 공장이 없어져 고구마를 대량으로 납품할 수요처가 없으니 고구마 농사를 계속할 필요가 없었기 때문이다.

우리 집 골방에는 할머니의 먼 조카뻘 된다는 범생이 삼촌이 숨어 지냈다. 왜 숨어지냈는지는 모른다. 달아매 놓은 북어처럼 바짝 마른 삼촌은 종일 골방에 처박혀서 칼 막스나 레닌 모택동 주덕 선집 같은 책만 들여다보았다.

해방되어 고구마 농사를 작파한 아버지는 밤마다 골방 범생이 삼촌과 뭔가를 논의하더니 밖으로 나가셔서 들어오지 않는 날이 많아졌다. 범생이 삼촌은 온다간다 말도 없이 사라지고 골방엔 책들만 수북이 쌓여 있었다. 아버지의 외출이 잦아지고 들어오지 않는 날이 많아졌다. 풍문에 의하면 삼례

지서를 습격하였네, 봉동 지서를 습격하였네 등의 소문이 돌았다. 그 주동자가 우리 아버지라고 했다. 그런 소문이 나고 난 뒤부터 아버지는 아예 집에 오시질 않고 그 대신 봉동 지서에서 순사들이 찾아오기 시작하였다.

어머니는 아버지를 찾아 전주로 외출하셔서 집을 비웠다. 그때부터 우리 집은 빨갱이 집이 되고 빨갱이 여편네와 자식이 되었다. 하루 종일 눈애피 오른 소식 한 장 아니 오고, 피사리하다 찔린 눈알처럼 심술이 벌건 햇살이 고봉으로 쏟아져도 우리 집은 북향집 툇마루보다 더 추운 집이 되었다.

콩깻묵을 배급 받아 명아주 잎에 막된장을 버무려서 성님 아우 비벼 먹던 황토배기 인정들, 부뚜막 솥뚜껑에 켜켜이 쌓인 가난을 초벌 매고 재벌 매어 만두리까지 품앗이로 정 주고 살던 이웃, 보리됫박이나 생기면 서로 나눠 먹던 최순실이네, 묵은지 겉절이 애동호박 싸랑부리 나숭개 나물 건건이 반찬 그릇 들고 대추나무집 문드래미네랑 쑥버무리개떡도 떨어지면 고지 먹은 장리쌀이라도 갈라 먹던 사람들, 그 차지고 도탑던 사람들이 언제부터인가 행여 다칠세라 호열자 용천배기 보듯 피하여 에둘러 멀리 돌아서 가는 집이 되었다.

'똥장군 대가리에 빈대코', '실내끼 모가지에 장구통 배아지', '새다리 정강이에 마당발'이라고 동네 조무래기들이 골려대면 삭정이처럼 바싹 마른 팔다리에 대갈장군같이 커다란 머리가 무거워 뒤안 파 줄기처럼 푸른 실핏줄이 관자놀이에 드리운, 죽음이 무서워 실타래처럼 목을 외로 틀어 꼬다가 한여름 삼복에 머리 떨구고 두 눈도 못 감은 채 저세상 간 넷째 아우 기만이.

국민학교 삼학년인 내가 짚신짝 끌고 흙먼지 나는 왕복 칠십 리 자갈길을 걸어서 고산장터 침쟁이에게 달랑 한 첩 지어온 그 약마저 끝내 못 마시고 숨을 놓았다.

구렁이도 담을 넘지 않고 새들도 와서 울지 않아 고요만 자욱이 쌓인 곳, 이엉도 갈아주지 않은 초가지붕의 집시랑 추녀 끝에 검불그죽죽한 샛물이 뚝뚝 떨어져 애장터 상엿집처럼 등골이 오싹한 집, 청솔가지 울타리에 찢어진 연 하나 걸리지 않고 애잔하게 심심한 감나무는 꽃조차 피우지 않았다. 눈치 없이 키만 훌쩍 큰 까중가리 나무 위 까치집은 텅 비어 있고, 시든 잎사귀 아래 웃자란 돼지감자 시퍼런 그늘이 주저앉으면 저물녘 북새 낀 노을이 내려와 소리 죽여 울다 갔다.

서울이라던가 전주라던가 기차 정거장이라고도 하고, 어느 골목 모퉁이를 돌아가는 걸 누가 얼핏 보았다고도 하는, 오다가다 바람결에 묻어온 아버지 소식 따라 어머니는 미친 듯 찾아 나섰다. 어머니는 오늘도 아니 오시고 아비·어미가 물어다 주는 먹이를 기다리다가 제비 새끼 닮은 주둥이 다섯 개가 올망졸망 잠이 든다. 그런 모습이 하도 딱한지 뒷집 경상도 아줌마가 동네 사람 모두 잠든 깊은 밤에 개구멍으로 몰래 들어와 밥을 지어 주고 가곤 하였다.

그렇게 세월이 가고, 아버지는 서울에서 잡혀 전주경찰서로 이송되어 왔다. 아버지는 전주 백부님이 과일 판 돈으로 빼내서 집에 오시게 되지만 더이상 잿배기에서 살 수 없었다. 자연히 형님과 함께 이룬 과수원으로 다시 돌아가는 수밖에 없어 전주로 이사하게 되었다. 그리하여 다시 전주의 과수원으로 복귀하여 백부 집 식구들과 같이 살게 된 거다.

지지리도 가난하고 척박한 재배기 마을에서 5년간의 유년시절을 지내고 이사하는 날, 별다른 감회 같은 건 없었다. 다만 끈질기게 나를 따라다니던 무당 딸, 딸그마니가 마을 모퉁이를 돌아갈 때까지 손을 흔들어주던 것만 기억에 남았다. 삼례까지 이십 리 길을 걸어서 정거장에 도착하자 쇠눈깔만한 눈깔사탕을 아버지가 사주셔서 먹은 기억과 생전 처음 기차를 탄 기쁨이 오랫동안 내 뇌리에 각인되었다.

늦은 점심때가 되어서야 전주역에 도착하여 역전에 있는 중화 요릿집에 들어가 난생처음 짜장면이란 음식을 먹어봤다. 세상에나! 이렇게 맛있는 음식이 있다니. 그렇게 맛있는 건

처음이어서 요즘 아이들 말로 '기똥차게' 맛이 있어서 그 추억이 늙은 지금까지도 아련하게 그립다.

아이들 학교 관계로 전주역 뒤 교도소 관사가 있는 옆에 살림집을 장만하여 자리를 잡았다. 전주 풍남국민학교로 전학을 하러 아버지를 따라 교문을 들어설 때부터 기가 죽었다. 교문이란 걸 처음 보았을 뿐더러 그 크기에도 놀랐다. 교문을 들어서자 이층 붉은 벽돌집 본관 건물의 위용에 또 한 번 기가 죽어 의기소침해졌다. 가슴에 회중시계 줄을 늘이고 회전의자에 푹 빠진 것처럼 앉아 있는 교장 선생님의 위엄에 찬 온화한 웃음과 교장실에 늘어선 우승기와 우승컵과 상장들에 눈이 휘둥그레졌다. 그중 가장 놀란 것은 삼천 명이 넘는다는 학생 수와 삼십 명도 넘는 여선생들이었다. 시골 분교장에서는 생각조차 해볼 수 없는 신기한 것들이 여기저기 널려 있어 나를 완전히 촌놈으로 만들었다.

육학년 삼반 담임선생님은 지독한 음치로 언제나 목이쉬어 있었다. 상급학교(전주북중학교)에 진학시키는 귀재로 육학년 담임만 계속 맡아 가르친다는, 성격이 조금 급한 타입의 남자였는데, 전학온 나는 완전히 데리고 온 자식처럼 취급하였다.

그도 그럴 것이 시골 학교에서는 육학년 교과수업이 이제

막 진행되어 가는데, 이곳에서는 이 학기 교과를 이미 끝내고 오로지 상급학교 진학 준비 수업에 몰두하고 있었다. 나는 도저히 따라갈 수가 없는 형편이라 꾸어다 놓은 보릿자루 신세였다. 하는 수 없이 아버지와 선생님이 타협하여 졸업을 보류하고 다시 육학년으로 편입해서 내 본래의 학년으로 돌아갔다. 사학년을 건너뛴 것이 제자리로 원상 복귀한 것이다. 음악 시간엔 꽃보다 더 예쁘고, 노랫소리가 천상의 소리 같은 여선생님이 피아노를 치며 가르쳐주셨다. 오월에는 어린이날이 있다는 걸 알았고, 어린이날 노래를 배웠다. 오월은 어린이날 우리들 세상, 내 마음도 푸르고 온 세상이 푸릇푸릇 생동감이 넘쳐흐르는 것 같은 감동을 가슴에 품게 되었다. 그러기에 친구가 생일이 언제냐고 물었을 때, 나는 오월 오일 어린이날이라고 일러주었을 정도였다.

그렇게 꿈에 부풀어 다닌 학교를 졸업하고 중학교에 입학한 지 얼마 지나지 않아 유월 전쟁이 터졌다. 전쟁 방학을 끝내고 모교를 찾아갔더니 그 천사 같은 음악 선생님은 행방을 모르고, 위용이 당당하던 붉은 벽돌 건물의 교실 여기저기 비행기 기총소사로 구멍이 뻥뻥 뚫려 을씨년스럽게 보였다, 전쟁은 오래 끌었다. 그 참혹한 전쟁에 나의 소년시절을 벗어주고 있었다. 북한군이 전주에 입성하자 아버지의 눈이 반짝이더니 부리나케 봉동으로 가셨다. 거기 인민위원회라는 곳에서 무슨 일인가를 하신다고 했다. 다시 국군이 진주하여 9·28 수복이 되자 산을 타고 도망치다가 충청도 어딘가에서 잡혀 또다시 전주경찰서로 이송된 것을 백부님께서 또 빼냈다.

깊은 밤, 잠을 깨운 아버지를 따라 마당으로 나갔다. 보름쯤 되었는지 달이 환하게 밝았다. 아버지는 나를 데리고 감나무 밑으로 가시더니 내 어깨를 두 손으로 붙잡고 "앞으로 어머니 모시고 어린 동생들 돌보며 잘 있어야 한다."라는 말씀만 하셨다. 무엇 때문에 어째서 어디 가신다는 또 언제 오신다는 말씀은 전혀 없으셨다. 나는 잠결인지라 무심결에 아버지가 어디 출타하시는가 보다고 가볍게 생각하고 방에 들어와 다시 잠을 잤다. 후에 들으니 고모부와 둘이 서울로 고구마를 팔러 트럭 두 대를 몰고 한강을 배로 건너가셨다고 했다. 그리고 1·4 후퇴, 고모부는 내려오시고 아버지는 서울에서 잠깐 일보고 곧 내려갈 테니 형님 먼저 가시라고 했다고 한다. 그걸로 나의 소년 시절은 막을 내리고 말았다.

임봉리 방죽 물안개

지금은 주택단지가 되어버린 곳, 수양버들이 축축 늘어지고 항상 고즈넉한 운치를 자아내는 임봉리 방죽에서는 물안개 낀 밤마다 소복 입은 여인이 몸을 던졌다.

전쟁은 아직도 한창이어서 한 치의 땅이라도 서로 뺏으려고 백병전을 벌이는 형편인지라 전사자의 유골이 사흘 걸러 정거장에 도착하고 전사 통지서가 낙엽 날리듯 배달되는 시절.

밤마다 초저녁이면 징 소리 꽹과리 소리 요령 흔드는 소리도 요란하게 죽은 넋을 건지는 애기무당 푸닥거리 굿판이 걸판지고, 아침이면 어김없이 물에 젖은 젊은 여인이 포강 둑 수양버들 아래 누워 있었다,

거개가 독한 시어미의 호된 시집살이에 못 견딘 여인이거나, 투전꾼 술주정뱅이 서방의 매타작이 지겹거나, 중동부 전선 어느 이름 없는 고지에서 산화한 새신랑의 전사 통지서를 받고 가슴이 찢어진 새파란 새색시였다.

올라가지도 못할 짝사랑의 가슴애피로 피눈물을 쏟다가 쏟다가 방죽 둑 위에 하얀 고무신을 가지런히 벗어놓고 소복 치마를 머리에 뒤집어쓰고 몸을 던진 여인들이다.

세상 돌아가는 게 안갯속 같은데다가 깊은 밤이나 새벽이면 도채비가 불러내듯 나풀나풀 풀어 날리는 물안개가, 오월의 찔레꽃 같은 물귀신이, 밤새워 씹어 뱉은 물안개의 유혹에 따라 여기 임봉리 방죽 물안개 속으로 풍덩 뛰어 들어간 것일 게다.

둑방 위에 가지런히 벗어놓은 흰 고무신 한 켤레. 그 곁에 방금 물에서 건져 올려 눕혀놓은 소복 차림의 젊은 여인. 아무런 힘도 능력도 가진 것 없는 백의민족으로 왔다가 흰 고무신과 흰옷을 입은 백의민족으로 돌아갑니다.

삼시랑께서 "너는 이승 가서 흰옷이나 입고 놀다 오너라" 하고 보냈건만, 식구들 밥상 차리고 부엌바닥 아궁이 앞에 쪼그리고 앉아 멀건 누룽지 숭늉이나 두어 숟갈 먹고도 행복으로 알고 지낸 보람이 산산이 무너져 내린 여인의 이승은 지옥이 되었습니다.

전쟁이란 몹쓸 악마. 전생에서 옷깃 한 번도 스친 적이 없는 싸가지 없는 사람들의 야욕으로 젊은 여인들이 당하는 수모를 그들은 무슨 인연이라 할까요.

하루에도 몇 천 명의 꽃다운 젊은 목숨이 이름도 모르는 전쟁터에서 스러집니다. 그에 따른 몇 천 명의 새파랗게 젊은 여인이 함께 따라가거나 길을 잃어버리고 헤맵니다.

하늘이시여, 이 숨막히는 전쟁놀이를 언제까지 하시렵니까? 삼천리강산 맑은 물에 흰옷을 헹궈서 풀먹여 다듬어 정갈하게 입고 산 죄밖에 없는 백의민족 가난한 백성들이 전생에 지은 죄과가 무엇이오니까. 보살펴주옵소서. 아껴주시고 사랑해 주옵소서.

제3부

무녀리 수기

관촌 고추 장날

간밤에 마신 술이 아직도 작취미성이다. 마침 일요일이라 늦잠도 자고 속풀이 해장국도 끓여 시원하게 먹을 궁리를 하고 누워서 되작거리는데 관촌장으로 고추를 사러 가야 한다고 아내가 깨운다.

'고추라니? 내가 언제 장에 가서 고추 사다 줘본 일이 있었남?' 아내가 평소에 안 하던 짓거리를 한다며 구시렁거리고는 모로 돌아누웠으나 웬걸, 상황이 그렇게 만만한 형편으로 넘어갈 사정이 아니었다.

아내의 쌍심지 돋은 얼굴 표정이 심각할뿐더러 조금 있으니 처제까지 고추 담을 준비를 해서 나타나는 게 아닌가. '아, 오늘은 꼼짝없이 잡혔구나!' 상황 판단을 하고 일어날 수밖에.

걸핏하면 출장이요 숙직에다 외부에서 오신 손님 접대요, 무슨 훈련이다, 갖은 핑계로 집을 비우거나 늦게 들어와 곯아떨어져서 아내는 저녁마다 술독을 끼고 자는 형편이다. 그것도 그냥 술독이 아니라 마늘 파 고기 비린 것 등 오만 가지 별의별 것의 안주를 쑤셔 넣은 아가리를 아내의 코앞에다 대고 푸푸거리는 술도가니를 안고 자는 고역을 치르게 한 죗값으로 오늘 하루는 부역을 잡혀줘야겠구나, 하고 빠른 결정을 하였다.

자동차를 끌고 관촌장에 이르니 온 천지가 고추다. 재채기가 나올 정도로 독한 냄새가 진동하고, 고추 조합인지 마이크로 외장치는 소리와 장사꾼들의 호객하는 소리와 고추 사러 온 사람들이 흥정하는 소리가 뒤섞여 북새통을 이루었다. 누구 말대로 육이오 난리는 난리도 아니었다.

아내와 처제는 물론 내가 고추에 관한 지식이 전혀 맹꽁이어서 어느 게 태양초이고 어느 게 하우스에서 건조시킨 고추인지 알 수가 없어 두리번거리며 이리저리 기웃거리고 다녔다. 나는 모가지를 묶여 끌려 다니는 강아지처럼 아내 궁둥이만 졸래졸래 따라다니는데 시장 상인이나 시골에서 고추를 가지고 나온 농민 모두 자기 고추가 태양초라고 한다. 고추 색깔이 어느 정도 빛깔이 태양초인지, 이것도 태양초 같고 저것도 같아서 폭폭할 노릇이다.

날은 덥고 사람들이 북적거리는 속을 한참 동안 끌려다니다 보니 목도 마르고 코는 맵다. 모퉁이 시장통을 돌아 청춘옥에 가서 시원한 맥주에 비빔국수 한 그릇 생각이 간절하지만, 아내의 눈치를 보니 어림 반푼어치도 가망이 없는 말씀이다. 청춘옥은 이쪽 방면으로 낚시를 오면 끝나고 갈 때 쉬어가는 단골집인데 그 집 할머니의 비빔국수가 일품이어서 자주 들르는 집이다.

고추라고는 처음 사보는 아내나 처제나 내가 어리둥절 서성인다. 이것도 좋은 것 같고 저것도 태양초 같다. 올해는 장마가 극성이라 건초 구하기는 애당초 어렵다는 말도 맞는 것 같다. 구판장 마이크에서는 임실농협구판장 물건 외에는 전부 가짜 임실 고추라고 외쳐대니 이를 어찌할거나.

그때 처제가 고추 부대 하나를 쳐드니 어느 해인가 우리나라 고추 파동 때 외국산 수입 고추 들어왔던 그것만큼 매운 내가 톡 쏘았다. 근당 오천구백 원까지 흥정하던 참에 내 바지춤을 살며시 잡아끄는 시골 아주머니를 돌아보니,

"그 고추는 너무 매워서 못 먹어유. 음식점에서 쓰는 것이구만유. 김장 다시 담가야 허는디."

옆사람 들리지 않게 살며시 일러 주시는 게 아닌가? 얼굴이 새까맣게 그을린 시골 농사꾼 아주머니다. 시골 장날 인심이 고추보다 매운 세상에서도 장터머리 순댓국밥만큼이나 감칠맛 나게 살아 있는 게 아닌가. 자기 고추는 다 팔고 이제 집에 가려는 참이란다.

그래서 염치 불고하고 진짜 태양초가 어느 것이냐고 가리켜 달랬더니, 저기 저기 하면서 몇 군데 고추를 일러주신다. 아닌 게 아니라 그 고추들을 자세히 보니 과연 물건이 달랐다. 더구나 아주머니는 그날의 고추 시세를 대략 알고 계셔서 속지 않고 싼값에 표피가 두껍고 무거운 것으로 좋은 태양초를 살 수 있었다.

이 정도 내 할일을 했으니 아무리 아내가 눈총을 줘도 청춘옥행이다. 집에 가신다는 아주머니 댁을 물으니 신평이라고 하시에 청춘옥에 모시고 가서 비빔국수로 같이 식사하고 신평까지 모셔다드렸다.

천만다행으로 그 아주머니를 만나 김장을 두 번 하지 않을 좋은 태양초 고추를 사 들고 귀가하여 그날의 관촌 고추 장날의 똥개 훈련을 마칠 수 있었다. 시방도 그 시골 아주머니의 고마움을 잊을 수가 없다.

무녀리의 수기

평생을 의기소침하여 살아온 지지리못난 내 화상의 꼬락서니를 적어 보려 한다.

왜놈들의 태평양전쟁 말기. 애당초 버거운 전쟁을 시작한 일제강점기 시절, 모든 자원이 부족한 일본은 전쟁 물자에 소용되는 것은 모조리 공출해 가는 바람에 식량과 생필품의 어려움에 허덕여야 했다. 신고 다닐 운동화나 고무신이 품귀 상태여서 와라지 털메기 같은 것을 발에 꿰고 학교를 다녀야 했다. 왜놈들의 천황 생신일이거나 싱가포르 사이판군도 같은 곳을 점령한 날이면 기념으로 운동화나 고무신이 학교에 배급되었다. 한 학급에 두어 켤레 나오면 심지를 뽑아 주었다. 나는 한 번도 당첨된 적이 없어 고무신 한 짝 못 타보고 광복이 되었다.

가을하늘이 청청한 학교운동장에 만국기가 나부끼는 운동회날이다. 차일 친 천막 아래엔 동네 유지들과 긴 칼을 찬 왜놈 순사와 학부형 대표와 교장선생님이 나란히 앉아 등수에 든 학생에게 상을 준다. 나는 달리기나 장애물 경주에서 삼등은 고사하고 끝에 달리는 아이보다 한참을 처져 기어 다니는 만년 꼴찌여서 본부석에 수북이 쌓인 연필 한 자루 공책 한 권을 못 타보고 졸업하였다.

시골 분교장에 다니다가 도시학교로 전학한 5학년 뒤로는 언감생심 우등상장은 차치하고라도 개근상, 정근상장 한 장을 못 받았다.

군대생활에서는 처음 6개월 이상을 부대배치 없이 사단 운전교육대생으로 신병보충이 되었다. 자유당 말기의 어지러운 때인지라 군대에서 도둑질 잘하는 놈이 가장 똑똑한 군인이었던 시절이다. 운전교육 실습은 하지 않고 빈 자동차에 올라앉아 기어변속하는 것만 가르쳤다. 보급되는 휘발유와 양곡을 빼돌리는 까닭이다. 때때로 장교들 후생사업하는 산판에 올라가서 무거운 소나무 마루타를 짊어져 내리는 사역에도 동원되었다.

군대운전면허증 한 장 들고 부대배치된 곳이 병기중대 수송부였다. 사회에서 자동차 조수 따라다니다 온 선임들이 건듯하면 "이 새끼, 대학생이 이것도 못해 이 개새끼야." 하며 엉덩이에 곡괭이자루 빳다를 심심찮게 휘둘렀다. 견디다 못해 교육대 부관에게 부탁하여 일선 보병부대로 전출하였다.

통신대 기재계와 연대 일종을 맡았으나 더 큰 시련 속에서 윗사람 도둑질에 일조해야 하는 쓸개 빠진 졸병 노릇을 하다가 제대를 하였다.

학교 동창생과 친구들은 하이칼라 직장에 취직하여 앉아 있고, 금수저 은수저를 타고난 팔자 좋은 녀석들은 칼날 주름 잡은 마카오 양복에 반짝거리는 구두를 신고 거리를 활보하고 다녔다. 한 잔 커피값은 물론 이발료가 없어 장발로 다니다 박정희 군사정권에게 붙들려 쥐뜯어먹은 머리가 되기도 하였다. 우체국 네거리 빨간 우체통에 기대어 이준성 화백이나, 공보원에 근무하는 전연상 화백, 은 지동 체육회 사무국장 같은 분이 지나가면 커피나 술을 얻어 마셨다. 운수 좋은 날은 석정 시인을 뵙기도 하였다.

공무원 시험장에 가니 학교 성적이 우수했던 선후배가 모두 모여 있어서 마치 동창회장 같았다. 의기소침한 나는 일찌감치 포기하고 시험을 보았는데, 하늘이 도왔는지 조상님의 은덕인지 난생처음 합격이 되어 공무원 월급쟁이가 되었다. 당시 공무원 사회는 날고 기는 사람이 수두룩한지라 언제나 꼴찌에 서서 한뎃바람만 쫓겨다녀 무주구천동으로 귀양살이를 두 번이나 하였다.

거기에서도 윗사람 치다꺼리에 거푸집이 되어 허덕거렸고 남생이처럼 목을 움츠려 넣고 복지부동 눈알만 굴리다가 내 구연한이 지났다고 나가라 하여 36년 공무원 생활을 졸업하였다.

퇴직 후에 하릴없이 반거충이로 어정거리다가 어찌어찌하여 시인이란 이름을 얻어 삼류 글쟁이가 되었다. 문단이란 곳에 발을 들여놓고 보니 여기도 글 잘 쓰고 재주 잘 넘는 사람과 신문방송 언론매체에 처세술이 능란한 선수들이 잘나가는 세상이었다. 글재주 없고 속에 든 것이 없는 빈 깡통 같은 나는 오늘까지도 이렇게 삼류 글쟁이로 무녀리 세월을 까먹고 있다.

두만강 푸른 물에

1996년 7월 8일 전북문인협회원 23명이 서재균 회장을 단장으로 하여 중국 심양을 거쳐 백두산 등정길에 올랐다. 이 여행을 하는 동안 내가 주안점을 둔 곳은 백두산과 윤동주 고향과 용두레와 해란강과 용문교와 일송정과 토문의 두만강 푸른 물이었다.

일행 전부가 글쓰는 감수성이 많은 문인들로 구성되어서 그런지, 아니면 조국의 한을 안고 스러져 간 수많은 우리 동포들의 한 맺힌 설움과 선구자들의 거룩한 희생의 넋을 생각해서인지는 모르지만 백두산 천지에서 「아리랑」을 합창하다가 "아라리요~."도 못 넘기고 모두가 목이 막혀 눈물을 글썽이면

서 노래를 중단하더니, 일송정이 보이는 용문교 다리 위에서 부르는 "일송정 푸른 솔은 늙어 늙어 갔어도 한 줄기~." 하다가는 모두 꺽꺽거리며 울음바다가 되었다. 해란강은 동네 고샅에 흐르는 개울이고, 용문교는 쓰레기만 널브러진 시내 복판에 있는 작은 다리요, 일송정은 왜놈이 베어버려 새로 심은 작은 소나무 한 그루에 불과하였지만 일행들의 뇌리에 각인된 민족 감정이 부풀어 그랬을 것이다.

거기까지는 그런대로 지내왔지만 내가 가장 궁금하고 꼭 찾아보고 싶었던 것은 두만강 푸른 물의 노래에 얽힌 사연이었다.

벼포기가 자라는 논두렁 가로 졸졸 흐르는 시냇물도 시냇물 휘돌아가는 멱서리 금모래도, 그 물살을 해적거리는 송사리도, 싱그러운 솔바람까지도 모두 우리 것과 똑같은 것이었다. 녹두 동부콩 깻잎파리 아주까리 얼룩덜룩 개구리참외 수박 개똥참외 모두 해방 전 조선 때 그 모양새로 그냥 고이 간직하고 사는 곳, 양코배기 서양 돈 1달러를 손에 쥐여 줘도 소 닭 보듯이 무표정한 북간도 아이들이 사는 곳, 우리 민족 환 족이 사는 곳이다.

일제강점기 1935년에 만주지방 순회공연을 하던 예원좌의 음악 단원 이시우가 국경의 도시 토문에 이르러 여인숙에 묵었는데, 옆방에서 여인이 밤새 울어 주인에게 사연을 들으니 자기 친구의 부인인데 신혼 육 개월 만에 3년 기한하고 독립군에 나간 남편이 때가 지나도 돌아오지 않아 남편을 찾아 만주를 헤매다가 토문에 와서 5일 전에 죽은 사실을 알게 되었단다. 마침 그날이 남편 생일이라 여관방에 제사상을 차려놓고 저리 우는 거라고 함에 이시우도 잠을 못 이루다 섬광처럼 악상이 떠올라 문학청년 한명원에게 작사하도록 하고 자기가 작곡하여 김정구에게 노래를 시켜 민족의 노래가 되었다고 한다.

문제는 내가 알고 싶었던 것은 그 여인이 울다 두만강에 몸을 던져 죽었다는 그 여인숙을 찾아보는 일이었다. 토문은 두만강 접경지대로 북중 간의 무역이 이루어지는 곳이다. 두만강에 걸친 다리 약 100m만 넘으면 바로 북한 땅이다. 그 다리 이름이 도문교인데 건너면 바로 북한의 남양시가 보인다. 다리의 중간 지점에 가면 변계선이라는 글귀가 쓰여 있는데 이 선을 넘으면 북한 지역이라 발 앞에 두고도 넘어갈 수가 없는 현실이다. 날이 좋은 날엔 건너편 집단 농장에서 일하는 북한 주민들의 모습이 보이고 크게 소리치면 반대편 사람의 목소리가 들릴 정도라고 한다.

토문에 내려 나는 우리 일행을 벗어나 우선 여인숙과 여관

간판을 찾았다. 나는 가급적 두만강 근접 민가를 뒤졌으나 그런 간판이 보이지 않았다. 다행이 칠십이 넘어 보이는 할아버지 한 분을 만나 말이 통하지 않으니 종이를 꺼내 필담으로 여쭈었다. 그것도 신통찮은 내 한문 실력에 한문을 약자로 쓰니 더욱 알아보기가 힘들었다. 노인의 필담 내용은 여기도 개발바람 비슷한 것으로 뒤바뀌져서 모르고, 자기는 중간에 이사 온 관계로 모르겠단다. 또 다른 노파를 한 분 만나 여쭸더니 고개를 절레절레 흔들고 가 버린다. 참으로 난감한 처지였다. 말이나 제대로 통해야 물어보겠지만 그건 불통이라 할 수 없는 데다 다음 일정으로 이동하여야 하므로 포기하는 도리밖에.

콘크리트 다리 건너에 손에 잡힐 듯한 함경북도 남양시가 있다. 사람도 바람도 소리조차 간곳없이 축 늘어진 인민공화국 깃발 아래 입 다문 김일성 대형 초상화만 강을 건너 뚜벅뚜벅 걸어온다. 산마다 기계독 오른 머리통처럼 들쭉날쭉 벗겨져 있고 강변 모래밭엔 갯버들이 잡초 속에 띄엄띄엄 서성거린다. 강물은 어림없고 시냇물로 졸아든 두만강 흐린 물에 그리운 옛님은 고사하고 뱃사공마저 보이질 않는 한심한 두만강을 만나고 왔다.

백두산 천지에 올라

백두산 가는 길은 참으로 험난했다. 애당초 연변행 비행기를 선택했으면 간단한 것을, 가는 중간에 조선족 문학 단체와 결연하여 세미나를 하기로 일정이 짜여 있는 관계로 길림에서 기차여행을 선택한 게 무리였다.

외국인 특급열차라는 게 유리창이 반쯤 내려와 오르내리지 않는다. 게다가 대륙의 찌는 듯한 삼복더위에 에어컨은 고사하고 선풍기조차 없다. 4인실 침대칸에 승차하여 해 넘어가기 전에 출발해서 밤새도록 광활한 만주벌판을 달리는 여행이었다.

그래도 밤이 되니 반쯤 열린 유리창 밖으로 고개를 내민 김남곤 시인이 "기호 성 기호 성! 저 별 좀 봐! 주먹만 한 별들이 금방 쏟아질 것 같아."라고 하여 우리 사는 곳보다 별이 더 크게 보이는 신기함에 매료되기도 하였다. 덥고 지루한 여행에 60도짜리 중국 고량주를 준비해 간 햄 소시지를 안주 삼아 마셨다. 중국 조선족 공안원 여인들과 나눠 마시며 대화를 주고받는 것으로 시간을 넘겼다.

가도 가도 눈에 잡히는 산 무더기 한 점 없다. 성근 옥수수밭이 나오다가 푸른 벼포기만 아득히 펼쳐진다. 철로 가에 키 큰 포플러와 줄버들이 홍위병처럼 늘어서 있다. 어쩌다 다가오는 마을 모퉁이에 삿갓 쓴 옥수수 저장 사일로가 청 태조 누르하치의 모자를 둘러써 어정거린다. 난생처음 지평선으로 지는 붉은 해를 바라보면서 요동 땅 만주 벌판이 너무나 서러워서, 기막히게 억울해서, 밤새워 고량주를 눈물로 퍼마셨다.

중국에 나라를 갖다 바친 신라의 김춘추와 김유신과, 요동을 치고 오랬더니 위화도에서 말 머리를 돌려 나라 임금을 친 이성계가 찢어지게 미워서 욕 한마디에 고량주 한 모금씩을 털어 넣었다.

가다가 심심하면 고장이 나는 자동차에 흙먼지를 뒤집어쓰고 하루를 걸려서 장백산에 도착했다. 일본 자동차를 변조하여 백두산을 오르는 자동차에 7, 8명씩 편을 짜서 올랐다.

아 아, 그렇게도 꿈에 그리던 민족의 영산 백두산이여, 천지여! 하늘에서 지어 내린 저 시푸른 물은 하늘 세상 인연들이 죄다 그려져 있어 천지는 하루 내내 하늘하고만 산다.

서른두엇 봉우리가 천지를 에워싼 채 아랫도리를 흥건히 적시고 앉아서 높고 낮은 제 나름 모습으로 하늘로 치솟아 올라 백두대간 큰 맥을 점지하여 승화시킨 언어가 필요 없는 곳! 여기에 감히 무슨 말이 필요하며 무슨 사유가 존재하랴. 가없이 높은 무념과 무상과 무심히 고운 숨결을 키워 소지 올리듯 억겁의 세월을 하늘로 풀어 올린다.

아, 백두산아! 내가 당신에게 이렇게 말고는 미치도록 무서웁고 경건한 고요의 정지停止 앞에 무슨 말을 어떻게 꾸며 입을 뗄 수 있으랴.

물 건너 우리 쪽 장군봉 노루목 내리막 근처에 두어 점 펴 놓았던 흰구름 조각조차 걷어가 버려 저 푸른 쪽빛, 내 민족의 거울 속에 바위구절초 같은 눈물방울 몇 낱 뿌려본들 함께 부른 '아리랑 가락'이 아라리도 못 가서 목에 걸려 꺾여지누나.

비단결처럼 산을 뒤덮은 노랑만병초꽃 곁에 자주꽃방망이꽃, 두메양귀비꽃. 그래 여기에도 두메양귀비꽃이 저 바위 틈새 물싸리꽃 아래에도 두메양귀비꽃이 시집갔다 돌아온 누이같이 피어서 어설피 나무 한 그루 키우지 않는 화산 돌밭에 구름 먹고 피어서, 발아래 멀리멀리 망망하게 펼쳐진 옛 조선 고구려 한을 쓴 눈으로 바라보았다.

새옹지마

내 친구 최 사장은 고창 공음하고도 한참을 들어가는 촌구석에 사는 놈이다. 가난한 집에 형제들만 우그르르 많아 살길이 팍팍했다. 초등학교를 마치고 바로 전주로 올라와 도청 급사로 지내면서 야간 중고등학교를 졸업한 뒤 군대에 입대하였다.

육군사관학교에 배치된 그는 경리부에서 근무했다. 기막히게 머리가 영리한 그는 사관생도들은 물론 교수와 기간요원들의 군번을 전부 외워 봉급명세서를 작성할 때에도 줄줄이 써내려 갔다. 그 이력 덕분인지 그는 처음 중앙정보부가 창설될 때 선발되어 정보부 경리로 복무했다. 그런데 당시에 때때로 하는 신원조회에서, 유월전쟁 때 '왼팔이 길었던' 숙부 때문에 덜컥 연좌제에 걸렸다. 그 일로 그는 그곳에서 강제로 쫓겨났다.

하릴없이 빌빌거리고 다니는 그에게 내가 사용하는 건설공사 시방서 한 권을 주면서 이걸 외워 건설기술자 시험을 보라 했다. 워낙 머리가 좋은 친구라 대전에서 보는 시험에 합격하여 건설기술자 병의 수첩을 받았다. 노가다 문자로 쌀 통장을 따낸 것이다.

문제는 수첩은 땄으나 연고권이 없는 그는 일거리도 없고 또한 자금도 없어 여전히 생활능력이 없었다. 늙은 어머니는 장가를 들라고 성화였지만, 당장 신혼 셋방 얻을 돈도 없고 장가갈 결혼 비용도 없어 징징대고 다녔다.

시골 관공서 노가다 십장 공무원으로 근무하는 내가 보기에 딱해서 싸구려 셋방하고 장가갈 경비나 마련해 보라고 조그만 공사를 만들어 주었다. 그에 앙심을 품은 업자가 정보부 밀대에게 이를 고발을 했다. 군에 파견된 정보부 조정관은 중상모략이 섞인 밀고된 첩보를 올렸다. 그 얼마 후 나는 느닷없이 정보부 분실로 출두하라는 전화를 받았다.

친구에게 만들어 준 공사 건이 문제가 된 것이다. 겁에 질린 나는 당장 전주로 나와 그 친구를 만나고, 방첩대 출신 중

국회의원 비서로 있는 초등학교 동창 녀석을 찾아가 자초지종을 설명하고 도와줄 것을 부탁했다.

정보부 분실 정문 보초에게 가슴이 콩닥콩닥 뛰는 걸음으로 아무개를 찾아왔다고 하였다. 잠깐 기다리라 하더니 수화기를 들어 안에다 대고 무어라 한다. 여기서 기다리면 그분이 나오신다고 한다. 아하! 매는 맞지 않을 것 같은 예감이 들었다.

키가 작달막하고 호리호리한 몸매에 얼굴이 조금 납작하고 둥근데 눈매가 매섭게 생긴 사람이 문서 폴더를 들고 나왔다. 내가 당황하면서 인사를 한다. 그 직원은 아무 말 없이 고개만 약간 끄덕이더니 나를 데리고 길 건너 여관으로 간다. 사십쯤 되어 보이는 여관 심부름하는 사람에게 조용한 방을 달라고 하더니

"여기는 아무도 얼씬거리지 못하게 하시오." 하면서 명령조로 이른다.

방안에 들어가자 그가 가지고 나온 폴더를 펼쳤다. 거기에는 나에 관한 첩보 내용이 있었다. 그는 내가 사람을 시켜 공사를 하는지를 물었고, 나는 자세히 설명을 했다. "내 친구가 당신들 본부에서 경리로 복무하다 신원조회 문제로 쫓겨나 빌빌거리기에 장가갈 셋방이나 얻을 돈을 마련하라고 한 것

이다. 나는 공사할 능력도 의사도 전혀 없는 시골구석의 공무원일 따름이다."라고.

이것저것 오후 한나절을 묻고 답하고 쓰고 사인하고 시간을 보냈다. 어둑해서야 조사를 마친 그가

"앞으로 각별히 조심하시오. 빈 총도 안 맞은 것만 못한 것이니 공무원으로서 타인의 지탄을 받는 일이 없도록 노력하시오. 그리고 방값은 당신이 내시오." 한다.

"아, 예. 제가 계산하겠습니다. 고맙습니다. 그리고 감사합니다."

그가 나가기 전에 마지막으로 묻는다.

"아 참, 영근이하고는 어떤 사입니까?"

"저와 초등학교 동창입니다."

"그래요? 나완 동네 친굽니다. 특무대 같은 동기요."

"아, 그러십니까? 대단히 수고하셨습니다."

거듭 인사를 하였으나 그는 이미 방문을 열고 마루를 걸어나가고 있었다.

여관비를 계산하고 나와 모퉁이를 막 돌아서니 친구 녀석이 담 모퉁이에 쪼그리고 앉아 담배를 피우며 나를 기다리고 있었다. 그와 나는 평소에 잘 다니는 단골주점 이화집 목로에 앉았다. 몇 잔 술이 돌아가는데 저쪽에 있는 중년사내와

그가 반갑게 인사를 한다.

"어이! 백 선생, 혼자 오셨소? 이리 오시오. 우리 합석합시다."

최 사장이 그 백 선생이란 중년에게 합석하자고 하자, 눈이 부리부리하니 화등잔만 하고 통통한 백 선생이 잔을 들고 건너왔다.

"두 분 인사들 나누시지. 이분은 중정에 계시는 백 선생이고, 여기는 공무원으로 먹고사는 내 친구여. 서로 알고 지내면 괜찮을 거요."

그렇게 되어 인사를 나누게 되고 우리는 술친구가 되었다.

"씨발, 나 오늘 말이여 당신네 중정 분실에 들어가서 외장을 치고 나왔어. 시방 날더러 김일성이한테 가라는 말이냐? 씨발 중정에서 쫓겨난 놈 당신들이 도와주어야지, 어떤 개아들 놈한테 가란 말이냐고. 한바탕 야로를 부리고 왔구먼."

"왜? 뭣 땜이 그랬는데?"

백 선생이 그 커다란 눈을 더 크게 뜨고 묻는다. 최 사장이 지난 일을 상세히 설명한다.

"내가 말이야, 가진 거라고는 달린 밑천밖에 없는 놈이 씨발 장가 좀 한 번 가겠다고 저 친구가 간신히 조그만 공사 하나 만들어 주어서 하는데 중정 친정 놈들이 말이야, 도와주지는 못할망정 그 꼴을 못 봐서 죄 없는 공무원을 오라 가라 조사를 하고 개지랄을 친단 말이야. 개좆 같은 놈들, 저희 놈들은 뭐 평생 거기 있을 줄 알아? 씨발!"

몇 잔 술에 얼큰해진 최 사장이 악담을 쏟아낸다.

"최 형이 공사하는 거기가 어딘데?"

"저어기 곰티재 너머 부귀 골짜기."

"뭐야? 그럼 그 부귀 공사를 최 형이 한단 말이야? 하, 이런! 그거 내가 올린 첩보란 말이야! 우리 첩보원이 올렸기에 나는 그것도 모르고 그냥 올렸잖아. 내가 시방 거기 조정관으로 나가 있거든. 그 일 같으면 걱정하지 말라고. 내가 깨끗이 정리할 테니까."

"하, 이런. 조 형. 대단히 미안하게 됐수다! 참으로 미안하게 됐수다."

이런 인연이라니. 이건 악연이 인연이 되어 돌아온 거다. 그렇게 친구가 되어 술집을 몇 차례 옮기며 코가 비틀어지도록 마셨다. 그리고 얼마 지나지 않아 조정관은 분실로 영전하여 서무업무를 총괄하는 자리로 옮겼다.

한번은 고창으로 옮겨 근무하다 예비군 훈련 때문에 전주에 나와 술집에서 술을 마시는데 통금 사이렌이 울렸다. 바깥 동정을 살피느라 술집 문을 열고 포장을 젖히는데 젊은 두 놈이 달려들어 강제로 나를 파출소로 끌고 갔다. 술집 밖으로 한 발짝도 내놓지 않은 나를 데려간 것은 옆의 술집에서 싸움이 나 파출소에 신고를 했는데 싸움은 이미 끝나 모두 가버린 뒤에 왔다가 허탕을 친 분풀이였다.

통금 위반도 아닌 나를 강제로 끌고 온 것에 화가 난 나는 차석 순경이 조서를 꾸미는데 약을 바락바락 올렸더니 조서를 무려 석 장이나 써 갈겨 놓았다. 새벽 3시쯤 되었을까. 다른 순경들은 모두 외근 나가고 차석과 나만 남았다. 무료한 차석이 잠깐 시들고 오겠다며 뒷방 숙직실로 들어가고 혼자 있는데 파출소 문 밖에 지프차 한 대가 선다.

아하. 저것이 초저녁에 저희들끼리 치안본부 암행감사반이 돌아다닌다는 감사반이구나. 오랜 공무원 생활에서 얻은 직감으로 느껴 숙직실로 뛰어가 잠든 차석을 발로 차서 깨웠다.

새미점퍼를 입은 호리호리한 감사반이 들이닥치는 찰나에 차석도 나왔다, 감사반은 차석에게 이것저것을 물어 점검하고는 나에게 묻는다. 순경들의 불손한 언어와 불친절한 행태는 없는가? 불편한 점은 없는가 등 여러 가지를 묻기에 아주 친절하고 불편한 점은 전혀 없으며 매우 편안하게 잘 대하여 주더라고 대답해 주었더니 고개를 몇 번 끄덕이고는 갔다.

"당신 직업이 무엇이야?"

“직업? 농업이야.”

이건 초저녁 이야기이고 두어 시간 후에 또 물었을 땐

“내 직업? 상업.”

“이게 뭔 소리여? 초저녁엔 농업이라더니 왜 상업이라고 하는 겨?”

“야, 이 무식한 순사 놈아! 과수원 하니까 그렇지. 농사지을 땐 농업이고 과실 팔 때는 상업이다 이 무식한 자식아.”

이렇게 약을 올린 내가 저를 살려주었다며 그가 쓴 조서는 넘버 때문에 어쩔 수 없고 대신 궐석재판을 받도록 해줄 테니 걱정 말고 지금 석방하게 신병 인도할 사람을 빨리 불러오라고 했다.

잠자다 달려온 노가다 사장에게 차석이 묻는다.

“저분이 도대체 무엇하시는 분이요?”

“아, 그 양반, 공무원이요.”

이 방정맞은 친구가 아직 잠이 덜 깼는지 실상을 불어버렸다.

“예? 공무원이요? 그러면 저분은 직업이 세 개네. 농업하고 상업하고 공무원까지 직업이 세 개나 되는구먼. 허허.”

이렇게 된 이야기를 그 노가다 사장이 건설쟁이들이 모여드는 다방에 앉아 신나게 까발렸다.

그곳 다방에서 건설업자들의 부정한 노릇과 동태를 감시하는 젊은 정보원이 잠복근무하다가 기막히게 좋은 정보를 얻어 곧바로 첩보를 올렸다. 서무를 총괄하는 백 선생이 내 첩보가 올라온 걸 읽다가 깜짝 놀라 신입 직원을 불러 "이 친구는 내가 잘 아는 친군데 아주 좋은 놈이다. 술 취해 한 짓이니 내가 책임질 거니까 이 첩보는 없던 일로 소각하자."고 얼러 무마시켰다.

"전화 바꿨습니다, 제가 조 기홉니다."

"조 기호 좋아하네. 야 이 친구야, 니 무슨 술을 그 따위로 처먹고 다니는 거야? 잔말 말고 이화학당으로 나와! 여섯 시까지."

"왜 그래? 무엇인데?"

"니 직업이 세 개라메? 빨리 기어 나오도록 해. 알았나?"

이화학당이라 부르는 술청엔 백 선생과 최 사장이 이미 와서 내 첩보 이야기로 술안주를 삼고 있었다. 이건 대단히 드문 인과응보요 새옹지마다.

그 무서운 철권을 무려 십팔 년이나 휘두르던 박정희 대통령이 자기가 가장 신임하는 중앙정보부장에게 총 맞아 죽자 정보부에 대한 국민들의 여론이 비등해졌다. 잠깐 동안 위축된 정보부가 명칭을 안전기획부로 개칭하고 심기일전한다며 자체 정화작업을 하였다. 숙정이란 서슬에 백 선생이 감원대상으로 쫓겨났다.

황해도에서 월남하여 특무대에 몸담은 이후 지금까지 청춘을 송두리째 바친 곳이다. 워낙 성품이 바르고 곧아 청렴하게 직장생활을 하고 술을 사랑한 탓에 재산을 축적하지 않았으므로 셋방살이하는 자기는 해당 없을 걸로 알고 수수방관한 탓일 게다. 설마 이렇게 빨리 쫓겨나리라고는 꿈에도 염두에 두지 않은 관계로 집 한 채 없고 퇴직 후의 대비를 전혀 하지 않았다.

어느 날 내가 출장을 다녀와 직원들과 저녁식사를 하고 느지막하게 집에 들어오는데 백 선생이 추레한 모습으로 우리 대문 앞에서 기다리고 있었다. 백 선생이 내 집을 어떻게 알고 왔을까? 정보부에 다니면서 돈 벌 궁리는 않고 친구 뒷조사만 하였나 보다고 순간 생각하다가 이 늦은 밤중에 어쩐 일이냐고 물었다. 우선 집에 들어가자고 했더니 그럴 경황이 아니라며 볼일 관계로 임실을 다녀오니 쌀이 떨어져 저녁을 끓이지 못하고 있어 나에게 부탁을 하러 왔다는 거다. 내 호주머니를 탈탈 털고 집에 있는 돈을 긁어모아 쌀 두 가마니 값을 쥐여 주었다. 어서 가서 저녁밥 지어 드시라고. 아, 이것도 인과응보 중 하나로구나 하는 생각이 문득 들었다.

그런 뒤 얼마쯤 지났을까. 내가 근무하는 군산의 직장으로 백 선생이 불쑥 찾아왔다. 도내 유·무명 화가와 서예가들의 작품을 팔러 다니는 화상畫商이 되어 나타난 거다. 이 또한 인과응보려니 하는 심정으로 군말 없이 몇 점을 사드렸다. 몇 달 후 겨울 가고 꽃 피는 봄이 왔다. 전군도로에 하얗게 핀 벚꽃이 흰 나비 떼로 무수히 흩날리는 무렵 또다시 나타났는데 이번엔 화상으로 그림을 사라고 온 게 아니고 수줍게 그 큰 눈을 껌벅거리며 자기가 쓴 글씨라고 비죽이 내민다.

화상을 하자니 화가와 서예가들의 아니꼽고 욕지기가 치밀어 올라 차라리 내가 글씨를 써야겠다고 작심을 하고 죽으라고 연습을 하였더니 글씨 같은 게 조금 보이더란다. 그래서 이제는 자기 글씨를 팔러 다닌단다. '天上天下唯我獨尊'이라고 붓다의 말씀을 쓴 작품을 그간의 보답의 마음으로 드린다며 놓고 일어서 가버렸다.

백 선생이 주고 간 글씨는 서예에 대하여 전문지식이 전혀 없는 문외한인 내 눈으로는 유명서예가의 글씨만은 못해도 제법 그럴듯하게 쓴 것처럼 보였다. 본시 필력이 뛰어난 백 선생이었기 때문일 것이다. 그 뒤로 몇 차례 왔다가더니 어느 날부턴가 소식이 뚝 끊어졌다. 어디 몸이라도 아파 누웠는지 아니면 이젠 집에 들어앉아 글씨만 써서 화상들에게 넘기는

지 모르겠다.

몇 년 동안 나타나지 않아 죽었는지 살았는지 백 선생 소식은 감감하고, 최 사장은 일찌감치 저승으로 가버려서 근황을 알 길이 없다. 나도 삼십육 년을 몸담아 이리저리 쫓기며 허둥지둥 살아온 공무원 정년퇴임으로 직장에서 물러난 지가 어언 이십몇 년이 훌쩍 지났다.

퇴임한 그날로부터 곧바로 효험이 발생하였다. 너무 많아 처치 곤란했던 달력 한 쪼가리, 일기수첩 한 권 보내주는 사람 없는 처지인지라 이제 이쯤으로 백 선생과 나의 그 끈질긴 새옹지마 연분도 끝나버리는가 싶다.

자금우紫金牛를 만나다

몇 해 전에 시집 상재한 것을 축하한다며 시동인 모임에서 보내준 서양란 화분의 꽃이 시들었다. 시들해진 이파리만 두어 쪽 붙어 있고 가장자리에 조그만 풀잎이 났기에 그대로 두었더니 난초 잎은 쇠락하고 풀잎 같은 나무가 자라났다. 그러기를 사오 년 지났을까. 진초록 잎사귀에 자잘한 톱니가 달린 나무가 한 뼘을 넘게 커서 이제 완전히 화분을 뒤덮었다.

오늘 아침 화분에 물을 주다 언뜻 보니 톱니 달린 짙푸른 이파리 뒤에 숨겨진 붉은 열매가 두 개 달렸지 않는가. 이게 무슨 재변이란 말인가? 저 녀석이 하잘것없는 푸나무가 아니고 귀한 보석이 달린 나무였나 봐.

나무나 꽃에 문외한인 내가 저 녀석 이름을 알 수 없어 궁리 끝에 핸드폰에 물어봤다. 위에서 찍은 사진에는 산호수라고 한다. 난생처음 듣는 이름이다. 문제는 이파리의 톱니가 크지 않아서 다시 한 번 아래에서 붉은 열매가 나오도록 찍었더니 자금우란다. 자금우라, 자금우라, 아무리 곱씹어봐도 생소한 이름이다.

더구나 자금우가 한자로 자줏빛 紫에 쇠 金 소 牛다. 자줏빛 쇠로 만든 소란 말인가? 내 짧은 상식으로는 도저히 이해되지 않아 찾아보니 '아름다운 빛을 내는 소'라 한다. 저 가느다란 몸매에 한 뼘 남짓한 피그미 나무가 어찌 커다란 소와 견준단 말인가.

또 한 면은 '부처의 조각상에서 나오는 신비한 빛을 일컫는다.'고 한다. 그렇다면 어째서 부처와 소와 자금우가 연관되었을까 하여 「심우도尋牛圖」를 살펴봤다. 소를 길들이듯 불가에서 본성이라는 소를 찾기 위하여 헤매는 것처럼 열심히 공부에 임하고 순수한 열의로 수행한다면 마침내 득도하여 선종의 이상향에 이르게 됨을 표현한 것이다. 어떤 때는 저도 없고 붓다도 없는 세계에 이르며, 반면에 분분히 일어서는 경지에 이름을 말한단다.

소를 찾으러 가는 것부터, 소 발자국을 보고 소를 만나 잡아서 소를 길들여 타고 집으로 와서 소는 아주 잊어버리고 나만 존재한다. 소도 나도 없고 근본으로 돌아가 세속에 들어가 자기를 드러내 중생과 호흡을 같이하는 경지에 이르는 것이 「심우도」 열 장의 그림 내용이다.

자금우의 꽃말은 '정열'이다. 붉은 열매가 아름답고 정열적으로 붉기 때문인 것 같다. 꽃은 6-7월에 피는데 흰 빛깔로 주근깨가 많은 소녀의 얼굴처럼 보랏빛 반점이 점점이 박힌다고 한다. 또한 산호수珊瑚樹와 백량금百兩金과 함께 일가를 이룬다. 자금우는 속씨식물로 쌍떡잎식물강 앵초목 자금우과에 속하며 아시아가 원산지이고 숲속에 약 15-30 센티미터 크기의 상록관목이다.

문풍지 떨어 울고 눈 내리는 한겨울을 짙푸른 잎사귀 아래 빨간 보석을 감춘 그 고매한 기품에 찬하여 소와 함께 불가의 높은 수행으로 득도에 이르는 경지에 오를 정도로 아름답고 고귀한 꽃나무 자금우를 몰라보았다니….

서양란 화분의 꽃이 이울었다고 한쪽 구석에 처박아 놓고 목숨 떨어지지 않을 정도로 물만 주며 괄시하고 푸대접한 자금우에게 오늘 세상 사는 법을 다시 배운다. 그토록 오묘한 뜻으로 지어진 자금우를 알아보지 못하고 잡목으로 여겨 잘라버리려고까지 하였다.

이토록 비천한 상식과 교양을 가진 내가 살아가면서 무엇을 도외시하고 푸대접하였단 말인가? 새삼 지나온 흔적을 뒤돌아보면서 등줄기에 식은땀이 줄줄 흐름을 느꼈다.

참으로 같잖고 한 점 티끌도 안 되는 풍신난 미물이 그리 살 일이 아니다. 남은 생이 몇 조금이나 남았을지 모르지만 남은 생애라도 모나고 남을 무시하고 건방진 마음을 다스리며 살아야겠다.

서양란 화분의 한구석에 겨우 묻어와 푸대접 속에서 긴긴 사오 년을 견디고 살아온 인내심으로 석류석보다 더 붉고 고운 보석을 맺어 나에게 안겨준 기쁨처럼 나도 누군가에 그런 즐거움을 안겨 준다면 얼마나 좋으랴. 오늘은 자금우 나무로 인하여 내 헛짚어 살아온 지난일들이 매우 부끄러운 날이다.

내 삶의 궤도에 휠체어라니

내 인생에 휠체어가 들어오다니 기가 막히고 맥이 찰 노릇이다. 휠체어에 앉아 눈알을 멀뚱멀뚱 뜨고 지나는 사람을 흘깃흘깃 쳐다보는 내 꼬락서니와 그것을 뒤에서 밀고 가는 막내의 모습이라니. 이건 꿈에서도 결코 그려본 그림이 아니다. 나와 내 막내딸아이의 일생에 절대로 등장해서는 안 되는 물건이기 때문이다.

이제까지 수없이 많은 병원을 쫓아다니고 입원도 몇 차례 했지만, 걷는 데 불편한 병이 아니어서 그 따위 물건은 나와는 전혀 관계가 없는 것으로 병원 복도에서나 엘리베이터에서 만나도 그냥 무심히 지나쳤었다. 그런데 내가 막상 발가락

치료를 위해서 병원에 입원하여 수술을 받고 나니 부득불 휠체어 신세를 져야 하는 팔자가 되었다.

영상의학과로 사진을 찍으러 갈 때나, 채혈 검사를 할 때, 또는 호흡기내과라든지 초음파검사를 받으러 가야 하는 경우에는 휠체어를 타야 했다. 병원 직원이나 막내가 휠체어를 가지고 와서 타라고 들이밀면 검고 좁은 의자에 엉덩이를 밀어 넣기가 불편하고 어색했다. 참 지랄같이 마땅찮은 데다가 아픈 발을 발판에 올리고 내리는 것조차도 심히 부자연스러웠다. 무슨 우주선마냥 안테나 같은 침봉을 높이 세우고, 대여섯 개의 링거병을 주렁주렁 달고, 링거 주삿줄이 이리저리 엉클어진 밑에 쪼그려 앉아, 무릎 위에 병원 담요를 얹어 덮은 몰골로 복도를 지나거나 승강기를 타고 있자면 동물원의 원숭이 보듯 흘깃거리는 눈빛들이 참으로 역겨웠다. 내가 무슨 죄를 지어 이 모양 요 꼴로 뭇사람들의 따가운 시선을 받는가? 평생 햇살을 볼 수 없는 천형天刑의 죄인 같아 생각할수록 고개가 아래로 수그러든다.

요즘 병원은 나처럼 고령의 늙은 환자로 북적댄다. 그렇기 때문에 애당초 병원 건물을 설계할 때 일류 건축사가 어련히 알아서 그 기능에 맞게 설계를 하였겠지만, 막상 휠체어를 타고 병원 내를 이동하다 보면 불편한 곳이 한두 군데가 아니다. 휠체어의 가장 큰 방해물은 계단이다. 요즘 웬만한 신축 건물에는 계단 대신 승강기를 설치하여 한결 수월하게 되었으나 건물과 건물의 이음새 높이를 맞추지 못하여 층이 발생한 곳, 복도 넓이가 좁아 두 개의 휠체어가 비껴가기 어려운 곳, 또는 경사가 심한 슬립형 평면 계단 같은 곳을 만나면 서로가 복잡하기도 하다.

가장 불편한 곳은 화장실이다. 병원마다 장애인 화장실이 멋내기와 구성 맞춤으로 하나씩은 있지만, 그걸로는 수요를 감당할 수가 없다. 그러하니 자연히 일반 화장실로 휠체어를 끌고 들어간다. 화장실에서의 휠체어 처리와 링거 줄 간추리기라던가, 기타 소소한 것을 여기에 옮겨 적는다는 건 조금은 창피한 노릇인지라 이 정도로 그만 생략하고자 한다.

물론 휠체어는 일제 강점기 시절에 타고 다닌 인력거가 아니다. 조선 시대 선비들이 타고 내리던 사인교 가마는 더더욱 아니고, 우리 어머니가 위봉산성에서 전주 부중府中까지 시집올 때 타고 오신 꽃가마도 아니다. 휠체어를 타는 환자는 중환자 외에는 다리가 불편해 혼자 걸을 수는 없으나 상체는 이상이 없어 멀쩡한 경우가 많다. 그런 환자를 위해서는 자그만 전동 휠체어가 절대적으로 필요하다. 환자가 있는 가정은 환자의 수발을 들어줄 보호자나 간병인 문제로 어려움을 겪는

가정이 허다하다. 전기 휠체어는 웬만한 운동신경을 가진 사람이면 몰고 다닐 수가 있다. 속력이 빠르지 않고 뒤에서 밀어줄 사람이 없어도 좋다. 보호자나 간병인이 필요한 경우가 거지반 환자의 출입과 관계가 설정된다. 병원 내에서는 하루에도 몇 번씩 수시로 부르는 각종 검사와 수술과 사진 촬영에 재빠르게 쫓아다니려면 반드시 간병인이나 보호자가 필요하다. 물론 병원 외에서는 더 말할 게 없다. 만일 전동 휠체어가 있다면 뒤에서 미는 인력이 필요치 않다.

한데 전동 휠체어는 시중에서 마음대로 구할 수 있는 물건이 아니다.설사 구할 수 있다 해도 값이 웬만한 중고 승용차 값이어서 가난한 서민은 엄두도 내질 못한다. 정부에서는 전기차 보급을 위해서 보조금을 주며 각종 혜택을 마련해주고 있는 것으로 알고 있다. 그와 마찬가지로 전동 휠체어도 다량 생산하여 발 없는 환자들의 고통을 덜어주고, 간병인과 보호자 관계로 어려운 문제를 해결해 주며, 맞벌이 가족이나 두 노인만 사는 농촌 어른들의 시름을 덜어주었으면 한다. 수많은 병원에서 자기 일을 팽개치고 환자 보호자로 시간을 소비하는 사람들의 생산성과 노동 가치로 환산한다면 국가에서 전동 휠체어 생산에 관심을 가지고 보조금을 지급하면 좋을 듯하다. 노동 인력이 증배됨은 물론 자동차 만들기보다 몇 십

배 간단한 전동휠체어를 많이 생산하여 늙고 가난한 환자들의 어려움을 풀어준다면 그것이 오히려 국가 경제에 많은 보탬이 될 것이다.

병상에서

겨울이 무너져 내린 그 자리에 목련꽃이 벙그러진다. 매실꽃, 산수유꽃이 봄의 척후병인 양 일찌감치 늦겨울을 침투했다. 그래도 그때는 아직 소매 끝에 찬바람이 매달렸는데 오늘은 날씨가 참으로 맑고 화사하다.

지금부터 30여 년 전 이른봄, 그날도 시방처럼 겨울잠에서 깨어난 나무들이 기지개를 켜고 연초록 연두색 눈망울을 터뜨리며 몸살을 앓고 있을 때였을 게다. 가까운 문우들과 술 한잔을 얼큰히 마시고 택시로 귀가하다가 뜻하지 않은 교통사고를 당했다. 허리가 부러지고 얼굴과 치아가 부서져 내렸다. 부서진 얼굴과 치아는 이리 꿰매고 저리 맞추어 수리를 하였으나 부러진 허리는 평생을 고치지 못하는 병이라며 택시공제조합에서 생각지 못한 많은 합의금을 주어 받았다.

젊은 혈기에 아픈 허리를 끌고 10여 년을 그럭저럭 다녔으나 더이상 버티지 못하고 허리수술을 했는데 그때뿐이었다. 그 뒤로 꼬리뼈에 작은 관을 넣어 고친다는 시술을 하러 서울이고 어디고 유명하다는 병원을 수차례 방문했으나 헛일이었다. 한방병원의 침도 꽂아보고, 척추교정, 물리치료, 재활치료 등 별별 수선 공사를 다 해봤으나 도로아미타불이었다.

여든이 지나 아흔까지 반절을 걸어온 나이에 이르러 그냥저냥 지내다가 저승에 가려 하는데 걸음을 걸을 수가 없어 마지막 발악으로 최후의 수단을 감행키로 하여 허리수술차 병원에 입원하기로 했다. 병실이 나지 않아 일주일을 기다려 들어간 병실은 6인실인데 출입문 앞 제일 처음 자리가 내 자리라고 흐벅지게 뚱뚱한 간호사가 지정해 줬다.

병실 안은 온통 듬성듬성 줄이 쳐진 하얀 포장으로 둘러쳐져 있어 흡사 사하라사막의 베두인 천막이나 시골축제 때 쳐놓은 포장 같았다. 방안에 계신 분들에게 인사를 드리려 두리번거렸으나 코로나19 역병 때문인지 모두 커튼 포장을 닫아서 사람 얼굴을 볼 수가 없어 그만두었다. 평소에는 저녁시간을 TV를 보거나 책을 읽거나 둔전거리다 자정을 넘어 잠자리에 들어서도 얼마쯤 뒤척이다가 잠이 들었는데, 9시 조금 넘으니 소등해 버리고 병실 모두가 잠이 든다.

이런 낭패라니. 감옥이 따로 없다. 불이 없으니 책을 볼 수도 없고, TV도 없다. 절에 간 색시라니 이제 막 들어온 형편에 불을 켜자고 하지도 못한다. 어둠 속에 누워 얼음판에 자빠진 황소마냥 멀뚱히 눈만 끄먹거린다. 아무리 잠을 청해 봐도 객지 초면을 타는지 이것저것 오만가지 잡생각뿐, 잠은 천리나 도망가버려 꼬랑지도 잡히질 않는다. 참 폭폭하고 환장할 일이다. 어떻게 어떻게 바듯이와 보듯이를 합쳐서 막 잠이 들까말까 하는데 느닷없이 옆 침대칸에서 왁 – 꺽 – 캬아 – 캑 – 천둥 벼락 치는 소리가 들린다. 깜짝 놀라 가슴이 벌렁거리고 두근두근 뛴다. 목에서 가래 끓는 소리도 같고 뱉어내는 소리도 같은데 우레처럼 깜짝깜짝 놀래키는 소리가 이어진다. 이러하니 잠은 무슨 잠.

마음을 가라앉히고 잠을 청한다. 나 잠 못 자는 것은 아무것도 아니다. 저 환자의 오장육부가 다 빠져 올라오는 육신의 고통과 마음의 아픔에 비하면 이까짓 잠 좀 못 자는 거야 무슨 대수겠는가. 입원수속을 밟을 때 들은 이야기로는 입원하기 위해서 거의가 한 달 이상을 기다렸다는데 지인의 주선으로 일주일 만에 입원한 것만 해도 대기하는 수많은 환자들에게 폐를 끼친 내가 아닌가. 평생을 살면서 내 주변의 멀고 가까운 사람들에게 피해를 안겨주면서도 수많은 사람들의 보살핌과 도움과 걱정과 분에 넘치는 따뜻한 인정을 받으며 산 게 내 인생이잖은가?

우선 허리 고장으로 병원에 입원하자 매일같이 점심과 양촌리 커피를 나누던 문우들이 아파하고, 아내와 자식들이 나 때문에 앓는다. 또한 주변의 지인들이 아파하는 폐를 끼친다. 하여 병원에 입원하면서 마음다짐을 했다. 고장난 허리도 허리지만 진짜 틀어진 나를 수리해야겠다고. 허리는 의사에게 맡기고 타인에게 폐를 끼치는 일과 지인들에게 의지하고 도움을 받으려는 내 마음보부터 내 스스로 뜯어고치는 계기로 삼자. 그리고 삶의 본질적인 문제, 즉 나는 무엇이고 또 목숨과 영혼은 무엇이며, 어디서 오고 어디로 가는 것인가를 곰곰이 훑어보며 내 생명은 여기에서 끝인가 아니면 또다시 이어지는 것인가도 찾아봐야겠다고 다짐을 한다.

그리하여 참된 나를 찾아 몇 푼어치나 남았는지 모르는, 주어진 남은 자투리 시간일망정 참되고 아름답게 피워보리라. 사람이 살면 얼마나 살겠다고 아등바등 기를 쓸 일도 아니다. 나에게 배정된 몫만큼만 허락하고 순간을 알차게 채워나가면 되는 거다. 공연히 남의 그릇까지 넘보며 흘깃거림 없는 삶을 살다 가야 아름다운 사람이 될 게 아닌가.

저 봄날의 선발대처럼 쌀쌀하고 매운바람에도 꽃을 피운 매화와 산수유. 그 꽃 지고 나면 앵두꽃 살구꽃 복사꽃 자두꽃이 차례대로 제 분수 찾아 필 것이다. 인간도 그렇게 피었다 진다. 어차피 지는 꽃이라면 떨어지는 마무리가 개운해야 할 게 아니겠는가? 내 마음을 맑고 밝게 닦으면 투명한 거울이 되리라. 구태여 저승의 명경대가 아니어도 내 살아온 인생이 훤히 비추일 것이다. 옆 병상의 고통 소리는 아직도 무성하게 뱉어내고 어둠 속 휴대폰 시계는 3시를 넘어간다.

저녁운동

저녁 운동 준비작업으로 소피를 보고 코를 푼다. 거꾸로 매달릴 때 콧물이 머리로 들어가면 찡- 하고 눈물이 나오게 아파 미리 코를 푼다.

고질병인 허리 병신으로 지팡이와 세 발로 걷는다. 걷다 서서, 집집마다 불 밝힌 환한 창문을 읽다가 몇 차례 걷다 쉬다 보폭이 좁아 잦은걸음으로 도착한 운동장엔 일곱 가지 운동기구와 등나무 지붕 쉼터가 있다.

등받이 없는 나무 의자에 지팡이와 외투를 벗어놓고 거꾸로 매달려 번진 눈물로 뵈는 게 희부연할 때 내리니 일흔두 살 노파와 복실이가 왔다.

"복실아- 복실이 왔니? 복실아 이리 와!"

짜아식이 거만하기는.

흘깃 보고는 귀만 한 번 쫑긋거린다.

에미가 인도견이었다는, 사람 나이로 환갑 지난 노인이다. 먹을 것을 줘도 입을 대지 않고 오로지 주인만 쳐다본다. 내가 '온몸 들어올리기'를 하고 있는데 개가 와서 캥캥거리며 나를 잡아끈다.

아- 이런! 〈양팔 줄다리기〉를 하던 노파가 잡고 있는 줄이 끊어지면서 줄을 잡아당기던 힘으로 땅에 쓰러졌다. 일으켜 세워 옆 나무 의자에 앉히려고 끌고 가니 정신이 들었는지 내 오른손을 떼어낸다. 비로소 생각하니 거기가 유방 자리였고 일흔둘 노파의 젖무덤이 그리 풍성한 것을 처음 느꼈다.

평소에는 인사도 말 한마디도 아끼던 노파가 "선생님 고맙습니다." 하면서 생긋 웃는다.

그 웃음이 내 가슴에 들어와 살짝 설레어 봤다.

소다 가루

구절초꽃이 여기저기 피어 가을 맛을 돋우는 날, 오랜만에 오 교장을 만나 '개국'이나 한 투가리 하잤더니 못 먹는 법이 국회에서 통과되어 안 된다기에 콩나물국밥집 문을 밀고 들어갔다.

해장 손님이 가득 둘러앉은 화덕에선 참나무 숯불이 벌겋고, 오모 가리 몇 개가 바글바글 끓는다. 토요일만 되면 월척 붕어가 기다리는지 충주댐으로 운암강으로 쫓아가다 교통경찰에게 걸린 일을 식탁 위에 꺼내놓고 이야기꽃을 피우다가 우선 맛보기로 목젖이 뜨끔하고 시큼한 모주 한 잔으로 속을 달래놓는다.

쇠뼈다귀 우려낸 국물에 말아 끓인 콩나물국밥에 새우젓 국물과 쇠고기장조림과 깍두기와 잘게 썬 쪽파를 가미한 다음 마른 고추를 화덕에 태워 비닐에 넣고 싹싹 비벼낸 가루를 친 맛이라니.

하늘 아래 첫맛인 국밥을 먹고 헤어져 농업학교 앞에 오다가 시내 중학교 행정실장을 하는 동네 친구를 만났다. 이제야 퇴근해 오는 입이 출출할 것 같아 막걸릿집에 들어갔다.

막걸리 두어 잔밖에 안 마셨는데 신방죽고개를 오르는데 속이 갑갑하고 배가 장구통처럼 불쑥하니 부풀었다. 원광약국 소화제도 까스명수도 상비약이 하나도 없다.

옛날 어머님께서 속이 더부룩하고 편찮아 끌끌거리시면 소다 가루 한 봉지를 털어넣고 해결하신 기억이 나서 베이킹소다 가루를 먹었더니 끄억끄억 신트림이 나오는 게 아닌가?

눈에 불을 켜고 달려온 아내가 빨래하는 세제를 먹었냐고 죽으려고 환장했냐며 방방 뛰고 난리다. 육이오 난리는 난리도 아니다.

맞아요. 맞고 말고. 당신 말씀이 백 번이고 천 번이고 맞는 말씀이오.

아, 맞고 말고. 암만. 맞는 말씀이시지.

제4부

구시렁거리는 소리

「질마재 봄날」을 읽고 / 시의 존재 이유에 대하여

그해 여름의 추억 / 나의 등단 시절

여적餘滴 / 문학상에 얽힌 이야기 한 토막

세상이 자꾸만 어려워진다 / 귀신이 두런거리는 소리

「질마재 봄날」을 읽고

사람은 사람이다.

세 번 읽으라는데 두 번까지 갈 것도 없이 한 번만 읽어도 사람 냄새가 불알 밑에서부터 스멀스멀 뿜어져 올라온다.

울창한 하늘 소나무도 은백양나무 숲도 어느 것도 보잘것없는 야트막한 고개 하나를 '질마재 신화'라는 시의 옷을 입혀서 갯바람 쪄들어 오는 알량한 황토배기 고개를 세계적인 질마재로 만든 미당 서정주 시인.

그는 가고 없고, 그 아우인 우하 서정태 시인이 지키고 계신 가난한 집에는 무에 값나가는 것이 있다고 자물통을 잠그고 다녔을까.

평소의 언행이나 글에 쓰는 용어로도 김남곤 시인의 시어에서 금싸라기보다 더 귀한 아조아조 귀한 불알이 어떻게 거기서 나와? 그것도 그냥 불알이 아니라 소요산 들개의 불알만 한 자물통이렷다. 그게 그냥 문고리에 달려있는 게 아니고 이를 악물고 있다.

두견이 목젖이 헐어 미치게도 목청껏 울어쌓는 궁벽한 시골집 어둑한 안방에는 나들이 양복 한 벌이 헐렁하게 걸려 있다.

나도 우하 서정태 시인을 몇 차례 모시고 낚시터에서 밤을 새우고 전주 막걸릿집에서 약주를 올린 일이 있어 우하의 소박하고 조금 괴팍한 성품을 알고 있다. 방에 걸려 있는 외출복이라야 그리 값나가는 것도 아닐 것이 분명한데 무엇을 지키려고 들개 불알만 한 자물통이 이를 악물고 있을거나?

그렇다면 우하 시인이나 김남곤 시인이 지키려던 것은 양복도, 써금써금한 전기난로도 아니고 '고목진 시심'이었을 거다. 미당과 우하가 방안 가득 쌓아놓은 그 높고 역사에 길이 남을 시심을 도둑 맞고 깨부수고 어지럽히지 않으려는 나름의 깊은 사려의 발로였을 것이다. 그럼 여기서 시의 전면을 보자.

<질마재 봄날>

미산未山과 함께
두견이 목젖이 헐어 미치게도 울어쌓는
질마재 진달래밭에 갔다

8할이 바람이라던 미당未堂 형보다
2할을 더 키워 10할이 바람이라는
동생 우하又下를 만나
뜬세상 빚 갚아주고 다닌다는
이야기를 써늘하게 들었다

어둑한 안방에는
나들이 양복 한 벌이
헐렁하게 걸려 있고
아직도 봄이 뒷짐을 지고 있어
전기난로가 벌건했다

가져갈 것이라고는
고목진 시심詩心 하나밖에 없는데

문고리에 소요산 들개 불알만 한
자물통이
이를 악물고 있다.

– 김남곤, 「질마재 봄날」 전문

미당 서정주 시인이 자기는 8할이 바람이라고 하였는데 그 아우는 한술 더 떠서 2할 보태서 10할, 즉 전부가 바람이라고 하는 우하를 만났더니 뜬세상 빚을 갚아주러 다닌다고 한다.

그 이야기를 김남곤 시인은 왜 써늘하게 들었을까? 우리는 여기에서 몇 가지 사념을 추리할 수 있는 문제에 봉착하게 된다.

첫째는 뜬세상살이라는 것이 본래 싸늘한 것이지만 남에게 또는 세상에게 빚을 진 사람이 늦게나마 회개하는 마음으로 빚을 갚겠다는 가상한 행태를 그런대로 싸늘하게 들었을 것이다.

둘째는 김남곤 시인의 성품이다. 전라도 전주지방의 말로 청간스럽다는 말이 있다. 남에게 폐를 끼치거나 지나친 대접을 받기 싫어하는 도도한 성품을 청간스럽다고 하는데 그 표본이 김남곤 시인이다.

그가 내뱉는 언어나 행동이 남에게 빚을 지고 다닐 성품이 아니기 때문에 빚을 갚아야 할 정도의 인생을 살지 않았으리라. 그래서 뜬세상 빚을 갚을 필요를 크게 느끼지 않고 살았음에 우하의 이야기를 싸늘하게 들었을 것이다.

셋째는 심오한 인간적인 문제다. 인간이 세상에게, 인간이 자연에게, 시인이 독자에게, 사회인으로서 자기를 스친 사람들이나 모든 생물에게, 아비가 자식에게, 남편이 아내에게 이런 모든 자아의식의 빚, 그런 빚을 표현했을 우하의 말씀이 너무 무거워 싸늘하게 들었을 수도 있을 것이다.

김남곤 시인은 사람이고 사람은 사람이다.

그 사람은 사람인 사람들을 만났고 인간적인 삶의 가치를 추구하는 지순하기 그지없는 행렬로 걸어왔다.

그 길에 비 내리고 바람 불고 눈보라 치고 정의롭게 살려고 고뇌하는 눈물을 보면 눈물을 흘린 시인 김남곤.

그가 울면서 주먹을 쥐어보기도 하고, 때론 그의 시가 울기도 하였으나, 사람 같은 사람을 만나 반갑게 어깨를 두드리면 그대 같은 사람이라고 눈빛을 반짝이는 사람을 기다리며 사는 시인이 김남곤이다.

그가 그린 「질마재 봄날」 전편에 흐르는 서정은 우리 선인들이 지어 노래하신 고려가요처럼 절절히 노래가 되어 우리의 서정적인 음률을 점점이 풀어놓았다.

두견이는 목젖이 헐게 울고 봄날은 아직도 뒷짐을 지고 있는데 세상 빚 갚으러 다니는 우하 시인을 만나서 미당과 우하가 쌓아놓은 고목진 시심을 지키기 위하여 소요산 들개 불알만 한 자물통을 걸어 놓았다는 시의 격조는 능히 미당을 견줄 만하다.

시의 존재 이유에 대하여

나는 과수원에서 자랐다. 약 4정보가 넘는 제법 큰 과수원이었는데 봄철이면 복사꽃을 비롯하여 배·능금 꽃이 꽃대궐을 이룬다. 그 꽃들이 피면 나 홀로 과수원 깊은 곳, 복사꽃이 화사하게 핀 나무 밑에 쪼그려 앉아 울었다. 왜 우는지, 무엇을 위해서 우는지, 이유도 까닭도 모른 채 그냥 울었다. 미친 짓거리다.

그때부터 술도 밥도 돈도 되지 않는 삼류 글쟁이로 살아갈 싹수가 노란 징조를 보였다. 그걸 눈치챈 은사님이신 석정 시인께서 고등학교 올라갈 즈음, 한참 동안 그윽이 나를 쳐다보시더니 "너 죽을 때까지 시 쓸래?"하고 뜬금없이 물으시기에 "예. 죽을 때까지 시 쓰겠습니다." 대답했더니 "그럼 나하고 약속할 수 있겠니?" "예. 약속드리겠습니다." 한 것이 시라는 굴레에 꽁꽁 묶여버린 동기가 되었다. 그 약속 때문에 인문고 지망을 접고 선생님의 뜻을 따라 공고 건축과를 졸업하게 되었다. 그 건축으로 36년간 건축공무원으로 먹고살고, 아이들 건사하고도 시방은 연금 타서 글 나부랭이를 끼적거리고 있는 팔자가 되었다.

그렇게 약속은 하였으나 글보다는 술과 더 가까이 보낸 시간이 더 많았다. 아마 그때가 1970년쯤 무렵이었을 것이다. 등단은 하지 않고 술만 퍼마시고 다니는 내 꼬락서니를 보기가 안타까운 황 송문 시인이 내 작품을 가져다가 문예지 추천하시는 시인께 보여드리고 등단을 시키도록 주선하였다. 그런데 그 추천하는 시인께서 전주 세미나에 오신 김에 나를 만나 보시겠다고 오라는 걸 "날 찾으면 낚시 갔다 하라."고 하고는 낚시가방을 을러매고 낚시터로 가버렸으니 괘씸죄에 걸려 등단은 사라졌다.

지금도 그 건에 대해서 황송문 시인에게 미안하다. 전라도 말에 "못된 송아지 엉덩이 뿔나 실태질도 못 한다."는 말이 있다. 속에 아무것도 든 게 없는 것이 시고 건방진 것만 가득 차 등단 같은 건 하찮게 생각하는 못된 생각을 하는 천치였던 게다. 그러고도 계속 술과 더불어 방황하였는데 나와 매일 술을 같이 마시는 친구가 딱하게 여겼는지 서울 문예지에 작품을 보내 등단이 되었다.

문제는 그다음이었다. 책임감이었다. 시에 대한 내 책임. 그것이 등단 전후가 확연히 다른 실체로 나를 압박하여 온 것이다. 이건 어떤 숙제보다도 외상값보다도 더 무서운 것이어서 매일 글쓰기에 매달렸다. 해마다 시집 한 권을 내고 어느 해는 한 해에 두 권을 만들기도 하는 작업에 몰두하였다.

비록 그게 글이 되어도 좋고 또 아니어도 좋았다. 그렇게 쓰다 보면 하나쯤은 쓸 만한 걸 얻을 수 있잖을까 하는 무분별한 모험심이었다. 어떤 확고한 주제를 가진 것도 아니고 그렇다고 심오한 철학이나 사상을 담은 것이 되지도 않았다. 시라는 것이 수학 공식처럼 규제된 사유의 표현 양식은 더더구나 아니기에 나 같은 얕은 지식과 학식과 경험의 소지자로서는 감당키에 너무 많은 부담이었다. 그러기에 지금까지 스물댓 권의 시집과 소설 동시집 같은 걸 만들었으나 쓸 만한 시집 한 권은 그만두고 내세울 시 한 줄이 없는 삼류 글쟁이가 되었다.

제대로 된 글도 못 쓰는 주제에 요즘은 작은 작업실을 만들어 놓고 글이 되든 아니든 하루에 한 편 정도는 시라고 생긴 글을 생산한다. 왜냐하면 이것 말고는 내가 할 수 있는 일이 없기 때문이다. 배운 게 도적질이라고, 그래도 아는 게 이것뿐인 걸 어쩌겠는가. 내가 살아 있는 이유가 이것인 것을. 그리고 신석정 선생님과 죽을 때까지 시를 쓰겠다고 한 약속을 지켜야 하겠기에도 그렇다.

다행히 전라도라는 좋은 고장, 글과 그림과 음악, 특히 판소리와 육자배기가 살아 있는 고장, 그리고 동학이 뿌리 깊이 젖어 있는 개땅쇠의 끈질긴 한이 배어 있는 고장에서 자라나고 생활하는 음덕으로 그것들의 멋진 맛과 기품과 신산한 삶을 캐내고, 다듬어 시라는 표현방식으로 엮어볼 수 있다는 행복을 누리고 산다.

진북사로 내려오시다 "여긴 여승들이 정진 수도 하는 곳이오니 다른 곳으로 가시지요." 하고 타이르는 사미승에게 거절당하고, 교회 뾰쭉탑으로 내려다 "여긴 당신 같은 사람이 오는 곳이 아니야 빨리 꺼져." 해서 하는 수 없이 군청 국기 게양대를 타고 내려오신 환인 천황 하늘님하고 새벽시장에 나오는 도토리묵과 냄새나는 고수를 산다. 양수발전소 댐에 가서 붕어 낚시도 하고, 덕유산 날망에 오르는 곤돌라를 타고 하늘님과 시시덕거리며 향적봉에 올라 '살아 천년, 죽어 천년' 허연 나체로 서서 반기는 구상나무와 주목의 알몸을 쓰다듬기에도 한참 바쁘다.

고조선 처방전과 같이 인간을 치유하는 데 아무런 효험이 없는 내 시라는 것과 하늘님이 환웅에게 주어 보낸 삼부인 세 개라는 것의 효험이 피장파장인 걸 어쩌랴. 그래도 하늘님은 협치와 공정과 상식을 알아 대통령과는 조금 다른 구석이 있어 그런대로 쓸 만한 조짐이 보여 구천동 33경과 고사동 콩나물국밥집을 함께 싸돌아다닌다.

한데 문제는 내 시 쓰는 방법이 구식이라서 그런지 60년 이상을 시라고 끼적거린 내가 요즘의 시를 읽을라치면 열 번을 읽어도 무슨 뜻인지를 모르는 시가 많다. 내 머리가 돌대가리임에는 분명하다고 해도, 앞 행과 뒤 행이 서로 박치기를 하고 앞글과 뒷글의 표현 방법이 전혀 엉뚱하여 한 문맥이 어떻게 해석해야 이어지는가를 몰라 허둥거리는 나를 생각할 적에 한심하고 불쌍하다. 이것도 모르는 게 무슨 시를 쓴다고.

그럼 이제까지 내가 쓴 시는 시도 아니지 않은가. 참 가련하게도 헛살았다. 헛살았어. 저리 고등수학처럼 써야 잘 쓰는 시라고 문예지에서 대접 받고 평론가들이 추어주는 모양인데, 내 시는 개가 하품하는 개소리였잖은가. 저렇게 비틀고 뒤틀고 억지 그림씨를 뒤집어씌워야 명시가 되는 것을.

하지만 누구의 학설인지 모르지만, 시의 존재 이유가 인류

치유에 목적이 있다고 하던데 개뿔이나 무슨 이야긴 줄 알아먹어야 치유고 나발이고 할 게 아니겠는가? 그렇다면 시의 존재 이유를 상실한 시를 무엇 때문에 쓰며 책을 꾸미는가?

이쯤 이르러 이해인 수녀의 시처럼 알기 쉬우면서도 감동을 줄 수 있는 시를 써야겠다고 끼적거린 것이 알기 쉽게는 썼으나 감동을 줄 수 없는 시라는 걸 만들어 세상에 내놓는 어리석은 소치인 게다.

그해 여름의 추억
– 참새와 소녀

내가 사는 전주는 시가지 밖으로 높고 낮은 산들이 병풍처럼 둘러쳐져 있다. 그 아래 서북쪽으로 흘러내리는 물이 각시바위 중바위를 돌아 성춘향 서방 이몽룡 암행어사가 쉬어간 좁은목을 지나서 한벽루 돌기둥 밑 꺾어진 바윗돌을 휘돌아치고 내려 이팝나무 하얗게 꽃 피는 다가산을 감아 돌아 흐른다.

남고사를 비롯한 고찰들이 동서남북 골짜기마다 터를 닦아 들어선 산사의 풍광과 그를 둘러싸고 우거진 소나무와 울창한 편백이 숲을 이루어 운치를 더한다. 아름드리 소나무들이 울울창창 우거져 짙푸르다. 키 큰 자작나무와 합환나무 상수리나무 같은 활엽수들이 어우러진 산의 풍치는 참으로 아름다운 한 폭의 수채화다.

또한 시가지는 요즘 한참 유명세를 타고 있는 전주한옥마을의 기와집들이 줄줄이 늘어선 동양화와 고층 건물과 관공서 은행 상가 건물이 줄지은 풍경의 서양화가 알맞게 조화를 이룬, 천년 고도의 풍모를 갖추고 있다.

남에서 북으로 도도히 흐르는 남천 냇가 방천 둑 아래와 다리 밑에는 동냥아치들과 밤도깨비가 자리 잡고 살았다.

우리 집은 전주의 종산인 건지산 아래에서 과수원을 하고 살았다. 학교 수업이 끝나기가 무섭게 달려와 떨어진 낙과를 한 소쿠리쯤 먹었다.

일요일 아침 아버지께서 누룽지와 단수수를 싸주시며 머슴들이 새막까지 지어놓았으니 화장터 아래 일곱 마지기 논에 새를 보러 가란다. 나 때문에 일부러 새막을 지었다고 하시는데 안 가겠다고 앙탈을 부릴 수 없었다. 새막은 제법 높고 넓어 시원했다. 내가 그 소녀를 만난 건 그때가 처음이고 마지막이다. 소녀는 우리 논 위 배미 논두렁에 찢어진 종이우산을 꽂아놓고 앉아 새를 쫓고 있었다. 찢어진 우산으로는 따가운 햇볕과 찌는 더위를 피하기 어려웠을 소녀는 맑은 눈과 백설같이 하얀 피부를 가진 단발머리였다. 눈처럼 하얀 포플린 블라우스에 무릎 아래를 약간 덮은 검정 플레어 치마를 입었으며, 흰 줄이 두 줄 그어진 검정 운동화를 신었다. 그녀의 옆얼굴이 무척 예뻤다.

약간의 애잔한 마음과 호기심이 돋은 내가 용기를 내어 논두렁으로 다가가서 그녀에게 말을 걸었다. “참새가 많이 오냐?” 고개를 푹 수그린다. 아무 대꾸가 없다. “이게 너희 집 논이냐?” 다시 물었다. “응.” 단발머리를 조금 끄덕이며 모깃소리만 하게 대답한다. “너 더웁지야? 우리 새막으로 가서 같이 새를 보자.” 소녀는 들은 체도 않고 논두렁만 내려다보며 운동화 앞부리로 논두렁만 콕콕 찧고 있었다. 수컷 때때기를 업은 방아깨비가 후르르 날아와 논두렁 쇠무릎 풀 위에 앉는다.

우리 집은 저기 과수원이고 나는 시내 어느 초등학교 6학년 아무개라고 신원까지 밝히며 몇 차례 꼬드겨서야 마지못해 따라왔다. 새막에 올라와 앉은 소녀의 얼굴은 눈이 부시도록 황홀하였다. 마치 명왕성이나 해왕성의 먼 별에서 온 소녀 같았다. 너무나도 아름답고 어여쁜 모습에 마음이 들뜬 나는 눈길을 어디에 두어야 할지 몰라 난감하였다. 소녀는 수정처럼 하늘이 비칠 것 같은 맑고 큰 눈을 가졌다. 갸름한 얼굴에 예쁜 보조개와 앙증맞게 작은 입과 도톰한 입술이 꼭 앵두 같은 인형이다.

나는 얼굴이 약간 달아오르고 숨결이 가빠져서 쑥스럽고 염치가 없어 차마 소녀의 얼굴을 제대로 보기가 민망스러웠다. 소녀는 서당뜸이란 마을에 사는데 오늘은 아버지가 출타하셔서 소녀가 새를 보러 온 거라고 조신하게 가만가만 이야기하듯 말을 했다. 내가 이름을 대면서 소녀의 이름을 물으니 한참을 주저하더니 “강하영이에요.”라고 일러준다.

내가 서먹서먹한 긴장을 풀기 위해서 누룽지를 줬더니 조금 떼어먹는다. 누룽지를 깨무는 보조개 핀 볼이 잘 익은 수밀도 색깔처럼 발그스레 곱다. 그녀를 주려고 단수수 껍질을 벗기다가 손가락을 베었다. 흐르는 피를 본 소녀가 눈이 화등잔만 하게 놀라더니 “저걸, 어떡, 어떡해.” 하고는 내 손가락을 잡고 흐르는 피를 입으로 빨아준다. 그리고는 상처를 눌러 지혈시켜 놓고 하얀 속치마의 한쪽을 북 찢어 싸매준다. 처음 만난 사람의 피를 빨아주며 속치마를 찢어 상처를 싸매주는 그녀의 인정에 나는 감동 이상으로 감격하였다. 나는 고맙다는 인사와 치마를 찢어 어떡하냐고 했더니 소녀는 오히려 자기를 주려고 하다가 상처를 입어 자기가 더 미안하다고 자근자근 대답을 한다.

별안간 논 위 공동묘지에서 벼락 치듯 총소리가 쏟아졌다.

지리산에서 잡아 온 사람이나 사형수를 죽이는 기관총 소리였을 것인데, 놀란 내가 엉겁결에 나도 모르게 몸을 숨긴다는 게 소녀의 치마폭에 머리를 들이밀었다.

총소리가 그치고 나서 정신을 차리는데 소녀가 앉았던 자리에 피가 묻었다. 소녀가 총을 맞은 줄 알고 "하영아, 너 총 맞은 것 같다." 하였더니 그녀의 얼굴이 백지장처럼 하얗게 질리는가 했는데 어느새 귓불이 발그스름해졌다.

아무 말 없이 새막을 내려갔다. 총 맞은 것 같지는 않다. 왜 그러냐고 물었으나 고개를 숙인 소녀는 쏜살같이 집으로 가버렸다. 얼마 지난 후에야 그 피가 총 맞은 것도, 단수수 껍질에 베인 피도 아니고, 내 몽정 비슷한 것일 거라고 어렴풋이 짐작했다. 소녀에게 미안했다. 소녀는 새 보러 다시 오지 않아 나도 새막을 떠났다.

나의 등단 시절

전라도 속담에 "못된 송아지 엉덩이에 뿔이 나서 실태 질도 못 한다."는 말이 있다. 내 젊은 시절이 바로 그 꼴이었다. 어떤 주의와 사상이나 문학에 대한 확고한 신념과 지식도 없으며 내 나름대로 뚜렷하게 정립된 철학도 가지지 못한 반거충이의 치기로 못된 소가지 때문이었을 것이다. 속은 텅 빈 주제에 시고 건방지고 비틀어져 문단의 등단 같은 것은 별로 신통하고 탐탁지 않으며 시큰둥하게 여기는 성격을 가졌었다.

당시에는 『현대문학』과 『자유문학』 두 문예지에서 추천하여 등단시키거나 신문사의 신춘문예 제도가 있을 때였다. 내 은사이신 신석정 선생님께서 『자유문학』의 심사위원으로 활동하고 계셔서 "나 살았을 적에 등단하거라." 하고 말씀하시면 대답만 "예." 하고는 그냥 싸돌아다녔다. 보다 못한 후배 시인이 등단을 몇 차례 권하기도 하였다.

1950년대 말에서부터 1960년대까지 나와 같이 전주에서 『문예가족』이란 동인 활동을 하다가 서울로 올라간 친구 황송문 시인이다. 그 무렵 『샛강』의 이정환과 캐나다로 간 권천학 시인이 서울로 자리를 옮긴 동인들이다. 황송문 시인은 서울로 올라가 일찌감치 등단하고 작품활동을 꾸준히 하면서 문학박사에다 대학교 학장까지 하더니 현재는 『문학사계』 문예지를 발간하고 있는 중견 시인이다. 그 친구가 아무리 등단을 권해도 듣지 않고 술타령으로 날을 새고 다니니 안 되겠다 싶었는지, 내 작품을 가져다 문덕수 선생님에게 보여드렸다. 아마 내적으로 허락을 받아놓은 것 같았다.

그때가 1970년대 초쯤 되는지 기억이 또렷하진 않지만, 꼭 올라오라는 황 시인의 전화 연락을 받고 후배의 성의와 의리를 무시할 수 없어 상경하기로 결심을 하였다. 마침 그때가 공무원들이 1월 3일까지 쉬는 공휴일이어서 모처럼 시골 촌놈이 서울행 고속버스를 탔다. 황송문 시인을 만나 버스를 타고 문덕수 선생님 댁을 찾아갔다. 공휴일이어서 등산을 가셔서 뵙지를 못하였다. 사모님이신 김규화 시인이 사무실에 출근하셨다기에 '시문학사' 사무실로 찾아갔다. 1월이라 날씨가 제법 추운 날이었는데 김규화 시인은 빈 사무실에 난로도 피지 않고 외투를 둘러쓰고 앉아 홀로 원고 교정을 보고 계셨다. 처음 뵙는 분이었는데 깜짝 놀랄 만큼 미인이셨고 생각보다 젊게 보여서 속으로 조금 더 놀랐다. 인사를 드렸더니 내 문제를 이미 알고 계신 것 같아 구태여 궁색한 말씀을 드릴 필요가 없었다.

버스를 타고 관악산 밑으로, 서대문으로 찾아다니느라 점심때가 되었다. 여기저기 식당에 전화를 해봐도 오늘이 1월 1일 쉬는 날이라 영업하는 식당이 없었다. 하는 수 없이 중화요리를 시켰다. 그런데 거기에서 문제가 생겼다. 배갈을 한 병 가져오라고 한 게 사달이 났다. 이 무지하고 미련한 촌놈 생각에 여자는 술을 마시지 않으리라고 치부한 거다. 왜냐하면 우리 집엔 할머니로부터 어머니까지 아무도 술 마시는 분이 안 계시고, 그뿐만 아니라 당시만 해도 전주지방의 여류 문인들은 공석이나 사석에서 술 마시는 걸 못 봤기에 김규화 시인님도 당연히 그럴 줄로 알았다. 이 무지라기 촌놈은 그렇다쳐도 서울 바닥에서 몇 년을 겪어온 황송문 시인은 어찌하여 김규화 시인님에게 술 한 잔 권해 보지도 않고 저와 나 둘이서만 홀짝거렸단 말인가?

점심 식사를 끝내고 빈 그릇을 챙기는 김규화 시인께서 술병에 조금 남은 술을 홀짝 들이마시는 게 아닌가. 아차차! 이런 황당하고 미칠 일이 있단 말인가, 세상에 바보천치 같은 놈들이라니. 저리 술을 할 줄 아는 분을 놔두고 저희끼리만 술을 주거니 받거니 했으니, 얼마나 싸가지없고 괘씸하고 미웠을거나. 얼굴이 화끈거리고 등에서는 식은땀이 주르르 등골을 타고 내렸다. 어쩌겠는가. 술을 드시지 않는 줄로 알고 드리지 못하여 대단히 죄송하다고 사죄 말씀을 드리는 수밖에. 그런 뒤로 선생님을 뵐 적마다 술 한 잔을 더 올리며 옛날 이야기하고 웃었다. 그렇게 문덕수 시인님은 뵙질 못하고 김규화 시인에게만 잘 부탁한다고 하고는 내려왔다.

몇 달 뒤 여름, 토요일에 낚시를 가기로 약속이 되어 있어서 낚시가방을 들러매는데 전화가 왔다. 황송문 시인이다. 전주에서 세미나를 하는데 문덕수 선생님을 모시고 와서 관광호텔에 있다며 형님을 보고자 하니 나오라는 거였다. 그러면 낚시가방을 치우고 냉큼 나가야 할 게 아닌가. 무슨 못된 심사였는지 시방 낚시 가는 중이니 나 찾으면 낚시 가고 없더라고 하라며 낚시터로 내달렸다. 아마도 건방진 소견으로 추천해 주려면 그냥 해주시고 안 해주려면 말 일이지 사람을 오라가라 하는가. 작품을 보았으면 되었지, 사람 얼굴 보고 추천해 주는가 하는 그 못된 송아지 엉덩이 뿔 난 놈과 같은 소견 머리였던 것 같다. 그랬으니 누가 추천하여 등단시켜 주겠는가? 그걸로 등단은 날아가 버렸다.

그러거나 말거나 여전히 술독에 빠져 허우적거리고 다녔다. 등단에 미련이 별로 없었다. 글 팔아먹고 살 것도 아니고, 이름을 얻자는 것도 그리 탐탁지 않은 데다가 내 글 내가 써서 만족하면 그만이다 생각했다. 작품은 동인지에 발표하면 되고, 가끔씩 지방신문에도 실어주는데 무에 그리 발버둥칠 필요가 있단 말인가? 그따위 못되고 밴댕이 속 같은 좁은 소견 때문이었을 게다.

그렇게 십 년도 더 흘러갔다. 여전히 술만 퍼마시고 다니는 게 일과였다. 그러다가 시 잘 쓰고 인물 좋고 사람 좋은 후백제 술꾼 진동규 시인과 어울리게 되었다. 매일 저녁마다 만나 술 마시는 술친구로 십여 년을 헤매고 다니다 보니 내가 등단을 하지 않고 허송세월하는 것이 몹시 마음에 걸렸던지 나도 모르게 서울에서 문예지에 관여하시는 자기 숙부이신 진을주 시인에게 내 등단을 주선하여 주시라고 말씀을 드린 것 같다.

그런데 그렇게 완강히 등단을 거절하던 내가 진동규 시인이 곁에서 나를 출썩거리는 게 싫지 않고 조금은 솔깃이 마음이 내켜 달라는 작품을 보냈다. 그렇게 하여 창간한 지 얼마 안 되는『우리 문학』이란 문예지의 추천으로 등단하게 되었다.

등단을 결심하게 된 동기에 또 다른 이유도 있다. 그간 두어 군데 동인 활동을 하고 있었는데, 어떤 동인 회장이 술좌석에서 만나 자기 동인에서 나를 제명해야 할 사정이니 어쩌면 좋을지 모르겠다고 한다. 왜 그래야 하냐고 물으니 동인 중에서 등단도 하지 않은 사람과 어떻게 동인을 하느냐고 항의를 한다는 것이다. 기가 탁 막혔다. 내가 글쓰기 시작할 때 고등학교 학생이던 사람이 그런다니 어처구니가 없어 변명하기도 싫어서 그러면 내가 탈퇴하겠노라고 하였다. 입맛이 씁쓰름했다. 그토록 관심을 가지지 않았던 등단이란 것이 나를 옭아매는 족쇄가 되었다.

옛날에 신석정 은사님께서 하신 말씀을 따랐더라면 오늘날 이런 수모를 당하지 않고 지금쯤은 문단의 중견 정도는 되었을 게 아니겠는가? 하고 후회한 것이 그 이유 중의 한 자리를 차지하였을 것이다.

솔직히 말해서 문덕수 시인을 만나러 관광호텔에 가지 않은 것도 깊이 파고들면 나보다 늦게 시작한 사람들이 등단 시인이라고 우쭐대는 꼴이 보기 싫어서 기피한 속셈이 있었을 게다. 그런 못된 자존심과 오만이 뇌리에 박혀 내 정신상태에 잠재하고 있었음이 분명하다. 그렇기에 등단시켜 준 문예지 사장 시인에게 술좌석에서 무슨 말끝에 당신이라고 하였다가 서로가 얼굴을 붉히며 입씨름하는 추태를 부렸으니 그 꼴이 무엇이었겠는가. 하긴 그 추천 시인이 나보다 훨씬 젊은 데다가 은근히 갑질 근성이 언뜻 내보였기 때문이었을 거다. 전라도 말로 거상에 벗어 보였던 점도 있었지만, 입씨름하고 난 다음엔 절친해져서 더욱 가까워 무슨 어려운 일은 서로 의논하고 지내는 사이가 되었다. 다른 사업을 하게 되어 잡지사를 폐간시켰다. 그러니 『우리문학』 출신들은 친정이 없어져 버려 천애 고아 신세로 여기저기 기웃거려야 했다.

등단하고 얼마 되지 않은 때 '우리문학사'에서 주는 '후광 문학상'을 안겨주기도 하였다. 후광은 김대중 대통령의 아호로서 상금이 후광 문화재단에서 주게 되어 있는 관계로 후광 선생께서 직접 시상하시게 되어 있었다. 그런데 그때가 마침 대통령선거 때라 대전 유세 끝나고 길이 막혀 오시지 못하게 되어 부득이 이희호 여사가 오셔서 시상하였다. 박정희 대통령과 겨루는 선거가 막바지에 이르러 양 진영의 감정이 최고도로 악화하여 있어 서로가 눈에 불을 켜고 상대방의 약점을 노리는 피 말리는 선거전이 무르익어 처신하기가 무척 어려운 때였다. 시상식을 하는 프레스센터에 경찰서 형사 두 사람이 와서 만약에 상금을 주면 선거법 위반으로 현장 체포하겠다고 주최 측에 엄포를 놓아 수상자들을 한 사람씩 몰래 화장실로 데리고 가서 상금을 호주머니에 넣어 주는 촌극을 벌였다. 허형만 시인 이기철 시인 진동규 시인 모두가 그렇게 상금을 받았다. 세상천지에 문학 상금을 화장실에서 받는 초유의 비극을 빚어내기도 하였다. 이 지구상 어느 나라에 문학 상금을 화장실에서 주고받는 나라가 있단 말인가. 참으로 한심하고 창피한 세태가 아닐 수 없었다.

막상 등단하고 보니 후회되는 점이 한둘이 아니었다. 나는 등단 무렵에 심한 자포자기에 빠져 우울증 비슷한 '케 세라 세라' 상태의 삶이었다. 그 원인은 경제적인 문제였다, 군에서 제대하여 실업자로 한 삼 년 살다가 공무원이 되었다. 당시에는 국가의 재정 상태가 워낙 어려워 공무원 봉급이 쌀 한 가마 값이 되질 않았다. 관공서 출입업자들이 농담 비슷한 말로 "쌀 한 가마 값도 안 되는 것들이 까불고 있어."라고 놀리기도 하였다. 한 달 하숙비가 쌀 여섯 말인데 그걸 빼고 나면 내 생활비가 전혀 없다. 집이 넉넉하여 경제적인 지원을 받을 수 있는 처지도 아니고, 그렇다고 어디 아르바이트할 곳도 없는 실정이니 어떻게 할 것인가. 공무원으로서의 최소한 품위 유지는 영위하여야 하고, 체면은 차려야 하는데 무슨 뾰쪽한 방법이 없잖은가? 하는 수 없이 업자가 내미는 봉투를 받을 수밖에 다른 도리가 없었다. 그러하니 시라는 것이 쓰는 사람의 마음이 청결해야 써지는 것인데 이미 검은 물이 든 가슴으로 어떻게 시를 쓴단 말인가? 그리하여 공무원 봉급이 어느 정도 제 궤도에 오를 때까지는 남의 시집과 문학 서적을 읽기는 하였으나 내 시는 한 줄을 못 썼다. 공연히 문학 하는 사람들 주변을 어정거리고 다니며 술만 억수로 퍼마시는 자포자기 상태에 이른 시절이 있었다.

하긴 그때나 지금이나 시가 무엇인지, 무엇을 위한 것인지, 그 효용이 어디에 얼마만 한 효력을 나타내는 처방전인지 분간을 못 한다. 도대체 문학이 무엇에 소용되는 학문이고 예술인가를 아직도 모른다. 다만 문단에 등단하길 잘했다고 느껴지는 건 등단을 함으로써 내 글에 내가 책임을 져야 하는 무게 때문에 소홀하게 대할 수가 없는 점이다. 그러다 보니 나 자신도 모르는 부지부식 간에 글쓰기에 중독이 되어 회복할 수 없는 글쟁이 병자가 되어버렸다.

그 덕택에 내 인생을 심심치 않게 보냈다. 이마저 없었더라면 내 인생이 얼마나 팍팍하고 건조무미하고 삭막하였을까를 생각하면 한편 고맙기도 하다. 하지만 어느 때는 이것 아니고 다른 것을 이만큼 노력하였으면 무엇이 되어도 되었을 것 아니겠는가? 그랬으면 사는 게 그리 답답하진 않았을 텐데 하는 후회를 하기도 했다.

그러나 어쩌겠는가? 옛 말씀에 배운 게 도적질이라고, 할 수 있는 게 끼적거리는 이 짓거리밖에 아무것도 할 줄을 모르니 쓸 수밖에. 그러므로 나의 은사이신 신석정 선생님께 "죽을 때까지 시를 쓰겠습니다." 한 약속을 이행하기 위해서라도 죽는 날까진 시를 끼적거릴 것이다.

여적餘滴

시가 인류에게 무슨 도움이 되며 어떤 효험의 처방인지 아직 분간을 못 하면서 시라고 끼적거리는 모순에 살고 있다. 더구나 그 우환 중에 나이가 들어감에 따라 전두엽의 세포가 자꾸 죽어 치매에 가까운 건망증을 갖기에 이르렀다. 그 후유증으로 시 쓰기가 어려워지고 무섭다.

그것은 내 무딘 소견이지만 문학에 대한 기본 지식과 자기의 뚜렷한 철학이 부재한 소치로 생각되는 바이다. 그러나 그건 절대로 내 죄만은 아니다.

태평양전쟁기에 태어나 일본말을 못 하여 종아리를 얻어맞다가 해방이 되어 어수선한 시국을 살았다.

그것도 잠시뿐 유월 전쟁이 터져 아수라장 속에서 무얼 배우고 읽었겠는가? 도서관은 아예 없으며 먹고살기 어려운 판에 책을 사볼 여력이 전혀 없었다. 황소 팔아서 들어간 대학이란 곳, 명색이 국립대학인데도 도서관은커녕 학습에 도움되는 환경이 정말 아니었다.

그러다 군대 가서 3년을 소비하고 나오니 당장 호구지책을 해결해야 할 형편이어서 월급쟁이 36년 동안 남의 거푸집으로 치다꺼리하다가 퇴직했다.

이제 이 낡은 삭신으로 무엇을 하겠는가? 하늘에 뜬 낮달처럼 무의미한 존재로 기초지식을 보완하고 내 철학을 확립하며 깊은 사유에 이르기는 가망 없는 헛소리에 불과하다. 그도 불고 하고 또다시 시집을 엮음에 염치가 없고 죄스러워서 여기 여적 몇 잎을 붙여본다.

여적餘滴 1.

시작 노트

며칠 전, 신문 칼럼에 어느 여류작가가 왜 글을 쓰느냐고 누가 묻는다면 자기는 외로움이 무서워 글을 쓴다고 대답한다고 했다. 나는 주체할 수 없이 남아돌아 가는 시간이 무료가 무서워 글을 쓴다.

월급봉투를 받던 생활을 졸업한 지 어느덧 이십하고도 몇 년이 더 흘렀다. 오라는 데도 갈 곳도 없다. 물 건너 손주 죽은 사람처럼 멀거니 앞산만 쳐다보며 앉아 있을 수도 없고, 나를 모질게 싸고도는 무료와 하루 놀고 이틀 쉬는 소외감에 짓눌려 숨이 턱턱 막힌다.

배운 게 도적질이라고, 내가 할 수 있는 방편이란 게 끼적거리는 이 일밖에 없어 글이랍시고 쓰다가도 서가에 꽂힌 내 시집들이 나 눈감으면, 한 리어카에 이삼천 원 받는다는 신문지나 보루박스도 못 되어 폐지 더미로 쓸려갈 것을 생각하면 그나마 글쓰기가 차츰 싫어진다.

그래도 어쩔 것인가. 배운 지랄이 이 지랄밖에 없는 것을.

여적餘滴 2.

아내의 독경 소리

오월의 치자꽃이 하얀 면사포를 쓴 신부로 걸어와 고혹한 향기를 풀어주는 걸 즐기고 있는데 작년에 출판사에서 서점에 보낸 시집들이 반품됐다.

그걸 본 아내가 묻는다.

"왜 책이 도로 온대요?"

"응. 서점에서 코로나 때문에 팔리지 않아 반품된 거야."

"내 그럴 줄 알았어. 그런 게 내가 뭐라 합디여. 아, 이해인 수녀맹키로 읽기 쉽고 알어먹게 쓰라고 혔잖어요. 그렇게 아침저녁으로 염불하듯 독경을 혀도 당신 쌩고집을 어쩌겠소? 코로나는 무슨 코로나."

"허어!"

"허어는 무슨 얼어 죽을 허어요. 아, 당신 시집을 보니, 인간에게 치유와 안식을 챙겨 주는 게 시의 생명이라메? 읽어서 알어먹어야 치유고 안식이고 지랄이고 헐것 아닌가베. 무슨 뜻인 줄도 모르는디 어떻게 치유를 헌다요?"

"아, 아무것도 모르면 가만히 있어, 이제 그만해두라고."

"모르기는 멀 몰라? 그럼시롱 책이 팔리네, 안 팔리네, 무슨 문학이 죽었네, 어쩌고 혔싸. 당신처럼 그렇코롬 어렵게 쓴 사람들이 독자들을 몰아낸 거여, 알기나 알아요? 그런께 옛날엔 중학교 여학생들이 시집을 제일 많이 읽었는디 요새는 갸들도 안 읽어요. 무슨 말인지 못 알어먹겄는 걸 지랄헌다고 보겄소."

"제발 좀 그만두래도."

"그만두기는 멀 그만둬요. 당신 시집 낸 것이 몇 권이요? 스물몇 권 냄시롱 내가 알탕갈탕 모은 돈 전부 쑤셔박고도 모자라 자식새끼들한티 신세를 지고. 갸들은 어디 돈이 땅에서 솟아난답디여? 아, 자식들 보기도 안 미안허요?"

"허어, 저놈의 잔소리 또 문 열었구먼. 내가 나가야지."

옷을 걸치고 나오는 등 뒤에다 퍼댄다.

"잔소리 좋아하시네. 왜 내 말이 틀렸소?"

목로주점에 앉아 생각해 본다. 아내의 독경 소리가 맞는 것 같기도 하고 아닌 것도 같아 아리송하다.

문학상에 얽힌 이야기 한 토막

내 주변 문단에는 수많은 문학상이 있다. 한국문인협회를 비롯하여 각 문학단체 또는 문학동아리와 각 지방자치단체상, 여러 사회단체, 개인 명의로 주는 문학상 등 수없이 많은 문학상이 주어지고 있는 실정이다.

본래 상이란 주어서 좋고 받아서 좋은 거라고들 한다. 또 거기에 맞는 사람을 찾아서 주어야 그 상이 상다운 구실을 했다고도 한다. 필자도 여러 기관과 단체에서 준 문학상을 받았다. 그리고 더러 문학상 심사를 맡아보기도 하였다.

각 문학단체에서 주는 문학상 심사기준은 거의 대동소이하여 대개 작품성도 중요하지만 그 단체에 끼친 공로와 봉사의 척도를 감안할 뿐만 아니라, 연공서열까지 따져 챙겨야 하는 관계로 빼어난 작품성을 보인 저자도 어쩔 수 없이 탈락시켜야 하는 난관에 봉착하기도 한다.

그중에서도 가장 어려운 심사는 초중고 아이들 백일장 심사다. 자칫 잘못 그르쳐 당선되어야 할 학생을 탈락시켜 우수한 재능과 소질을 가진 학생에게 깊은 상처를 주지 않았나 하는 것과, 선에 들 능력이 부족한 작품을 뽑아 나처럼 시시껄렁한 반거충이 삼류글쟁이를 만들지는 않을까 하는 우려 때문에 백일장 심사가 가장 어려웠다.

문학상금에 관한 내 작은 일화 한 토막을 피력하고자 한다. 1990년쯤이었을 게다. 서울 어느 문예잡지에서 시행한 후광문학상을 프레스센터에서 받을 때 이야기다. 상금을 후원하는 곳이 김대중의 후광문화재단이었다. 마침 그 때가 김대중이 처음 대통령 출마를 하여 선거가 막바지에 이르렀을 때라, 김대중을 견제하는 각 기관이 눈에 불을 켜고 노려보는 험악한 분위기였다.

시상식장에 경찰서 형사 두 사람이 와서 주최자에게 만약 상금을 주는 게 발각되면 현장에서 즉각 체포하겠다고 엄포를 놓았다. 놀란 주최자가 나를 형사들 몰래 슬그머니 화장실로 데리고 가더니 호주머니에다 상금을 얼른 넣어준다. 세상천지에, 문학 상금을 화장실에서 주고받는 나라가 어디에 있단 말인가? 어이없는 시대의 문학상에 관련된 작은 일화 한 토막이다.

그건 그렇다 해도 문제는 요즘 우리 지방 자치단체에서 전통을 계승하여 잘 내려오던 풍남문학상을 폐지하여버리고 10개 예술단체에서 예술상인가 하는 엉뚱한 걸 만들어 매년 시상을 한다. 한데 처음엔 200만 원씩 주던 상금을 선거법위반인지 어떤 핑계를 대고 상금 없는 상을 만들어버렸다.

전국 각 지역은 물론 우리 도내에 있는 각 지방자치단체에서도 그 나름대로 상금을 만들어 시상하고 있는데 유독 그 기관만 나 몰라라 하는 연유를 알 수가 없다.

상이란 단돈 1원을 주어도 상금이 있어야 상의 값어치를 하고 상다운 것이며 또한 상 받을 맛이 나지 않겠는가? 설령 화장실에서 주어도 좋으니 상금을 마련하여 상패와 함께 시상하여 명실상부한 예술상을 만들어 준다면 얼마나 알차고 옹골진 상이 되겠는가, 하는 생각으로 주제넘은 너스레를 늘어놓아 본다.

세상이 자꾸만 어려워진다

인간의 지능이 발달하여 사회생활이나 인간 활동에 유익한 기계와 제도가 날로 발전되는 현대문명이다. 그것은 오로지 인간이 좀더 편하고 안락한 생활을 영위하기 위한 수단과 방법의 하나일 것이다. 한데도 어느 구석에서는 그 원칙이 무참히 무너져 오히려 더욱 복잡하고 불편하여 세상 사는 데 자꾸만 어려워지는 경우가 허다하다.

내가 하는 일이라고는 글쓰는 것밖에 할 줄 아는 게 없어 책을 한 해에 한 권 정도를 발간하는 편인데, 책 만드는 거야 출판사에 의뢰하면 되는 것이지만 문제는 발송 작업이 가장 큰 문제다. 요즘은 마음 쓰시는 게 후덕하신 출판사 사장님이 많이 계셔서 발송 작업을 출판사에서 맡아 해주시는 곳도 있지만, 그렇지 못한 경우에는 부득불 늙은 내가 발송 작업을 하느라 진땀을 뺀다. 그중 봉투에 이름 쓰고 붙이는 것을 쉽고 편하게 하려면 라벨이라는 용지에 인쇄하여 붙이는 방법을 택하고 있는데 문인들의 명단을 보유하고 있는 문인협회에 전화로 부탁을 드리면 그리 어렵지 않게 명단 라벨을 구할 수가 있어서 많은 도움을 받았다. 그런데 2022년부턴가 느닷없이 문인협회에서 그걸 해줄 수가 없다고 한다. 이유인즉슨 개인정보보호법인가 뭔가 하는 그런 법에 저촉되어서 해줄 수가 없으나 문인협회에 와서 비치된 서류에 사인하면 협회에선 인쇄소로 승낙의 연락을 하고 거기에 가서 돈을 주고 사야 하는 규제가 되었다. 따라서 문인협회로 인쇄소로 뛰어다녀야 그 라벨을 손에 넣을 수가 있게 되었다. 늙은 몸을 이끌고 협회로 출판사로 왔다갔다해야 하는 번거로움과 시간과 교통비 등 어려움이 보통이 아니다.

그 법을 만든 취지를 잘 알 수 없으나 내 좁은 소견으로는 가난한 문인들이 무슨 대단한 인물이어서 주소 성명을 감추고 살아야 하는 필요가 있단 말인가? 오히려 문인들은 자기 작품집을 서점이나 바깥세상으로 내보낼 때 자기 이력을 기재하고 봉투에는 주소 성명을 밝히지 않는가. 혹여 감추어야 할 필요성이 있는 분이 있다면 그런 분들만 별도로 관리하면 될 게 아닌가. 나이 들어 늙은 사람들에게 좀더 편리하고 쉽게 해줄 방안을 연구하여 실행하는 것이 정부가 존재하는 목적이 되어야 하거늘 오히려 왜 자꾸만 더 어렵게 만든단 말인가?

한 해에 한 차례 한국문화관광재단이라는 곳에서 책 만드는 이백만 원을 문예진흥기금을 지원금이라고 하여 몇 사람에게 주는 게 있다. 책 발간비를 전부 주는 것도 아니고, 언 발에 오줌 누기로 겨우 이백만 원 주면서 왜 그리 어렵고 까다롭고 복잡하게 한단 말인가. 전북에 계신 문인만 약 천여 명 되는 걸로 알고 있는데 거기서 이삼십 명 주면 몇 분의 일이 되며 어차피 많은 사람에게 혜택이 돌아가지 못할 바에는 차라리 수를 줄이더라도 책을 낼 수 있는 금액을 주는 것이 타당할 거라 생각된다.

문제는 기금 신청하는 방법이다. 몇 년 전만 해도 서류 작성하는 게 간단하였어도 공정한 심사로 비교적 공정하게 배분이 되었는데, 지금은 공정을 기한답시고 지방 문단 내력과 실정을 전혀 모르는 문외한 격인 대학 교수나 타지방 젊은 문인들을 초빙하여 무슨 신춘문예 심사하듯 해서 불공정하게 배분되어 원성을 사고 있는 실정이다.

신청 서류 작성도 컴퓨터의 대가나 달인쯤 되어야 작성할 수 있도록 어렵고 복잡하고 까다롭게 만들어 놓았다. 나이 많고 컴퓨터에 자신이 없는 사람은 자기가 작성할 수가 없으므로 컴퓨터를 잘 다루는 사람이나 이를 대행하는 분에게 수수료를 주고 의뢰해서 작성하여 제출하는 형편이다. 그래도 다행히 선정이라도 되면 모를까 대부분 문인이 선정되지 못하는 처지인바 그들은 작성비만 낭비한 꼴이 되지 않는가. 결국은 문인들을 돕는다는 게 오히려 피해를 주는 현실을 조성한 상황이 되고 말았다.

도대체 무슨 이유와 어떤 심사로 이렇게 복잡하고 어렵게 만들어 수많은 예술인들을 핍박한단 말인가? 지원금 보조라는 게 없는 자가 가진 자에게 한 푼 줍쇼 해서 얻는 동냥인데 그 국고라는 게 국민의 세금 아닌가. 그렇다면 제가 낸 돈을 제가 받으며 동냥질을 하는 게 아닌가. 어느 문인은 그 동냥을 받았노라고 자랑하여 경력란에 OO 지원금 받았다 하고 기재하신 분도 더러 보았다. 우리 민족이 유월 전쟁 때 먹고 살기 어려워 밀가루 분유 옥수숫가루 구호품을 얻어먹고 입고 살았지만 그걸 자랑하고 살지는 않았다.

더구나 무슨 생색을 내기 위해서 책 만드는 발간비에도 못 미치는, 겨우 이백만 원 주어놓고는 책 뒷부분에 나 동냥 받았습니다. 그리 쓰라고 강요하는 버르장머리는 어데서 가져온 못된 심사란 말인가? 문명이 발달되면 그만큼 살기가 쉽고 편해져야 하거늘, 오히려 왜 자꾸만 어려워지는지 폭폭하고 답답하여 몇 가지 소회를 피력해 보았다.

누구나 작성하기 쉽고 간단명료한 양식을 고안하여 그러잖아도 궁핍한 문인들이 지원금 신청 서류를 제출함에 있어 어려움이 없도록 도와주기를 바란다.

귀신이 두런거리는 소리

나는 일찍이 청력 고장으로 매미 소리부터 소련제 T54 탱크 가는 소리까지 들리는 이명으로 고생하다가 보청기를 끼운 지가 십여 년이 넘었다.

처음엔 아쉬운 대로 들었는데 특히 보청기를 끼우면 이명을 잡아 줘서 괜찮게 생활할 수 있었다. 그런데 약 2년 전부터 귀에서 B29 비행기 소리가 보청기를 끼든 빼든 관계없이 나기 시작하였다.

귀에서 비행기 소리가 나는 것을 어떻게 하겠는가? 내 역량으로는 어찌할 방도가 없는지라 그냥 참고 지냈는데, 삼사 개월 전부터는 이웃집 사람들 말소리처럼 사방에서 두런두런 말소리가 들리기 시작했다.

내가 들어 있는 아파트는 제법 튼실하게 건축되어 창문을 닫으면 밖이나 옆집에서 무슨 말을 해도 들리지 않을 정도로 방음장치가 잘되어 있는 구조물이다. 더구나 19층 높은 곳에서 기거하기 때문에 저 아래 지상에서 하는 말이 올라오질 않는다.

옛 어르신들 말씀에 늙으면 귀신 말을 알아듣는다고 하셨는데 내가 늙어서 귀신 말을 듣게 되었는가. 참으로 맹랑한 일이 전개되었다.

주로 밤 자정 무렵 지나면 누군지 어느 곳인지 모르는 귀신들의 말소리가 두런두런 들리는데 알아들을 만하기도 한데 못 알아들을 말소리가 들린다. 목소리는 거의 오십 대쯤 되는 남녀 간의 대화가 많고 늙은 목소리는 없다. 보청기를 빼고 잠들 무렵이나 잠자다 깨어 일어난 두 시쯤이 가장 왕성하게 들리는데 대화 내용은 일상생활의 대화를 주고받는다.

내가 귀신 말소리라고 하는 이유는 내 옆집 사람들이 매일 밤 늦은 한밤중에 대화할 이유도 없을뿐더러 설령 이야기한다 해도 이웃 간에 말소리가 전혀 들리지 않는 건축물의 구조 때문인 것이다.

귀신 소리가 들리는 것이 한두 사람이 아니고 여럿이서 이야기를 나누기 때문에 모두 주파수가 달라 말소리가 뒤섞여져 잡음으로 변하여 시끄러울 정도에 이른다. 더욱 이상한 일은 보청기를 끼게 되면 모두 달아나고 한 두 군데서만 들리는데 말소리가 희미하다. 새벽 3시가 되면 어디로 갔는지 모두 가고 없어 조용해진다.

“아이고, 오랜만이네.” 이건 내가 알아들은 말이고,

“저기 저 건너 저편에서 나하고 놀던 내 애인이여.” 이건 음치 정도 되는 남자가 우리 트로트 가락으로 흥얼거리듯 부른 노래 가사다. 음악이 흐르는데 우리 이승에서 부르는 것과는 전혀 다른 곡조로 무슨 노랜가를 부르기도 한다.

그리하여 우선 나 자신을 분석해 보기로 하고 점검을 해본다. 이건 나 자신의 몸에서 나오는 현상으로 내 건강에 이상이 생긴 것이 아닌가 의심해 보고, 또한 내가 죽을 때가 되어서 육체와 정신이 환장한 것이 아닌가도 생각을 해본다.

그러나 아무리 궁리를 해봐도 내가 아직 그 단계까지는 이르지 않은 것 같고 명색이 시를 쓴다는 놈으로 그래도 하루에 한 편 정도는 시를 쓰고 있는데 아직 정신병이나 치매에 걸리지는 않았기에 이 글도 쓰잖은가도 생각을 해보지만 참으로 아리송하다.

이왕에 귀신들이 노래를 부르거나 말씀을 하실 때 같은 값이면 로또복권 번호 같은 것을 불러주시면 얼마나 고맙겠는가 하는 허파 빠진 생각도 해본다.

그러나 어쩌겠는가? 애당초 이명도 내가 오라고 한 게 아니고 귀신 말씀도 내가 불러들인 것이 아니지만 어차피 내게 온 것이니 죽을 때까지 친구 삼아 동행하는 수밖에 별수 있겠는가?

제5부

영산포 술청

상수리나무의 회억

어린 시절을 시골 벽지에서 자란 탓인지 아니면 어느 특정한 것을 유난히 좋아하는 못된 습성 탓인지 모르겠다. 상수리나무만 만나면 반갑고 사랑스러워진다. 그 나무를 보고 있자면 마치 고향사람을 만난 것 같고 친근한 속내가 우러나 마음이 편안해진다. 그것은 아마 우리 마을 뒷산에 상수리나무가 지천으로 자랐고, 그 열매로 구슬치기하던 어린 시절의 추억과 도토리묵을 쒀 먹던 기억 때문일 게다.

상수리나무는 참나무목 참나무과 참나무속에 속해 낙엽교목으로 한국을 비롯하여 중국 일본 등 동아시아가 원산지며 우리 마을 주변이나 산에서 흔히 볼 수 있는 나무다. 암꽃이

봄에 수분하여 열매를 맺고 이듬해 가을에 성숙하여 이 년 만에 익는 열매가 상수리다.

참나뭇과에 속하는 신갈, 갈참, 졸참, 떡갈, 굴참, 상수리 등의 참나무에서 열린 열매를 총칭하여 도토리라 명명하며 상수리도 도토리에 포함된다. 고만고만한 것들이 서로 우쭐대는 걸 "도토리 키 재기"란 속어도 저 많은 참나무 열매들의 크기에서 비롯된 말이다.

상수리란 이름은 임금님의 수라상에 올랐다 하여 얻게 되었다. 임진왜란을 맞아 평안도 의주로 몽진한 선조임금의 수라상에 올릴 음식이 마땅찮아 상수리묵을 자주 올렸다고 한다. 난이 평정되어 환궁한 후에도 몽진 때 먹은 상수리 맛을 잊지 못해 찾는 바람에 자주 수라상에 올렸다 하여 상수리란 이름을 얻게 되었단다.

가난한 농부들이 모여 사는 궁벽한 촌구석 오지에는 아이들이 가지고 놀 만한 장난감이 없었다. 반짝거리는 유리구슬을 살 사정이 아니어서 상수리를 가지고 구슬치기를 하고 놀았다. 구슬치기 내기에서 나는 한 번도 따본 적이 없었다. 나이를 세 살이나 많은 영길이가 양쪽 호주머니가 불룩하도록 따다가 도토리묵을 해먹었다는데 그건 못 믿을 영길이의 헛자랑일 게다.

상수리에는 타닌과 함께 녹말이 많이 함유되어 옛날엔 서민들의 구황식품 구실을 하였다. 지금은 건강식으로 각광을 받으며 설사, 장출혈, 치질로 인한 출혈, 탈항脫肛 등에 약재로도 쓰인다. 또한 도토리묵이나 떡으로 만들어 먹고 가루로 상수리밥을 지어먹기도 한다. 요즘은 난들난들하고 말랑말랑한 진짜 묵을 시중에서 구하기가 어렵다. 무주 장날이면 새벽시장이 잠깐 열린다. 새벽잠을 죽이고 눈곱바람에 쫓아가면 적상산이나 구천동 골짜기에서 가지고 나온 진짜 도토리묵 한 판을 구할 수 있어 시내의 친지들에게 나누어 준 기억이 떠오른다.

벼락 맞은 석탑이 사는 미륵사 절터가 있는 미륵산 자락의 몇 천 평 숲속에 아담하게 화실을 지어 늘 조신하고 어여쁜 부인과 함께 그림처럼 살고 있는 이 화백의 전화다. 금년 가을에도 상수리가 잘 익어 툭툭 떨어진다며 주우러 오란다. 몇 해 전 이 화백의 상수리를 주워다 묵을 쑤어 달랬더니 도깨비 하품하고 개똥 주워 먹는 소리 작작하라고 무렴을 톡톡히 당한 바 있어서, 올해는 바쁜 일정 때문에 못 가겠다고 하였다.

상수리나무는 역사가 시작되기 전부터 한반도에 정착한, 우리 선조들이 생활을 영위한 움막의 재료였다. 재질이 단단하고 질기며 쉽게 썩지 않아 훌륭한 목재가 되었다. 요즘은 베어다 표고버섯을 키워 인간에게 봉사시킨다. 또한 죽어서는 숯이 되어 제 몸을 태워서까지 인간의 삶에 봉양하는 하나도 버릴 게 없는 나무다. 국보로 지정된 금산사 미륵불 건물은 숯으로 방죽을 메꿔서 세운 사찰로 수천 년 긴긴 세월을 살고 있다.

일제강점기 때 처음 개설한 시골 분교에 1회 학생으로 입학을 하였다. 담임선생님은 지독한 음치여서 음악시간에는 일학년을 맡은 여 선생님과 바꿔 수업을 했다. 조금도 예쁜 구석이 없는 여 선생님이 풍금을 치며 노래를 가르치다 음정이 틀렸다고 망신을 주어 그에 앙심을 품고 기회를 노렸다.

어느 토요일 오후, 아이들은 모두 하학하고 조용한데 늦게까지 풍금을 치던 여 선생님이 교사에서 멀리 떨어진 변소에 가는 걸 몰래 따라갔다. 변소 바로 뒷동산 상수리나무에 올라 창문으로 변소에 쪼그리고 앉은 여선생의 암반만 한 엉덩이를 훔쳐보다가 들켰다. 교무실에 불려가 담임 선생에게 회초리로 종아리를 뒈지게 맞았다.

저승길이 가까운 늙은 삭신이 어젯밤에 흐렸다 개었다 오락가락하는 꿈을 꾸었다. 어린 시절 상수리나무 진액을 빨아 먹는 곤충들을 잡아 모가지를 뒤틀어 가지고 놀았었다. 그

장수풍뎅이와 사슴벌레 같은 것들이 종아리에 스멀스멀 기어 올라와 무는지 그때 맞은 회초리 자리가 시방도 꿈에서조차 아렸다.

오늘은 이빨 빠진 늙은 글쟁이 몇이 아주 눈감기 전에 단풍든 가을 산이나 담아두자고 산에 들었다가 추레하게 서있는 상수리나무를 만났다. 소박맞은 누이처럼 안쓰러웠으나 그래도 저 나무는 봄이 오면 생기를 되찾아 꽃 피고 열매 맺겠지만, 다시는 오지 않을 내 봄날을 생각하니 내 신세가 더 측은했다. 모두들 갔는데 아직 남아 저 나무를 만난다는 게 얼마나 고마운 일인가. 혹여 저승에서도 만날 수 있다면 또한 사랑하리라.

영산포 술청

영산포 술청은 조선말엽까지 전라감영 동문이 서있던 자리, 동문사거리에서 북쪽으로 몇 발짝 걸으면 우측에 있는 집이다. 고물상이나 박물관에 전시해야 할 만큼 낡은 고향여인숙 길 건너 같은 또래로 낡은 건물이 손등에 사마귀처럼 붙어 있는 게 영산포 술청 목로주점이다.

어떤 연고인지는 몰라도 영산포에서 시집온 할망구가 시원하고 콧등을 톡 쏘는 홍어탕을 잘 끓여 술꾼들의 썩은 속을 풀어주었다. 요즘 칠산 앞바다에서 잡은 우리 홍어는 너무 비싸서 칠레 수입산을 쓰지만 홍어무침 술안주가 무던하여 환쟁이 글쟁이 목구멍 쉬어터진 소리꾼이 꾸역꾸역 모여

드는 목로주점 술청이다.

왼쪽 눈이 고장난 주모 할망구는 무릎관절인지 각기병인지 왼쪽다리를 약간 절룩거리고 다니며, 자기 마음에 들지 않는 손님에겐 욕설을 사정없이 퍼부어댔다. 1960년대 참담했던 시절, 그 술청을 처음 찾게 된 것은 전북수필문학회를 만들어 한국수필사에 한 획을 그은 정덕룡 수필가의 마한출판사가 동문사거리를 돌아 그 부근에 있어서 그 친구 따라 자주 들르게 되었다.

예쁜 곳이라곤 약에 쓰려도 한 구석도 없는 괴팍한 할망구가 나와는 동갑이라고 살금살금 말을 트더니 이제는 걸핏하면 욕지거리를 찔끔찔끔 내뱉는 처지가 되었다. 한번은 H 평론가와 술청에 들었더니 "물에다 노상 손을 담그고 사니 습진이 생겨 쓰리고 아프다."며 중얼거리기에 "이 멍청한 할망구야, 약국에 가서 습진 약 OO약을 사다 바르면 직방"이라고 일러주며 "적어, 적으라고. 늙은 할망구 대가리로는 금방 잊어먹을 테니까 적으라고." 하였다. 그러자

"씨발놈, 지가 약국에 가서 좀 사다 주면 어디 불알이 떨어진다냐?"라며 백태 낀 눈을 흘기곤 악담을 퍼붓더니만. 내 옆에 살며시 다가와서 귀에다 대고 가만히 속삭인다.

"내가 글을 모르잖혀."

이처럼 무안하고 미안할 수가! 쥐구멍이라도 찾아 들어가고 싶게 민망한 심정이라니, 지금도 그때를 생각하면 등에서 진땀이 흐른다.

그런 뒤 하루 종일 진눈깨비 내리는 날, 영산포에서 거나하게 마시고 나와 술청 앞 도로에서 미끄러져 머리가 터져 가버렸다. 술 마실 때마다 큼큼 소리를 후렴처럼 달고 살던 아까운 문우 술친구 하나를 잃었다.

원로시인 J와 평론가 H가 영산포 술청에서 술을 마신다. 「임진강」 노래를 쓰러지게 부르면서 질펀하게 퍼마셨다. 자정을 넘은 시간이라 가게 문을 닫아야 하는 할망구에게 쫓겨났다. 익산에 사는 H가 택시를 타고 가려는 걸 J가 붙잡는다. 영산포와 비슷하게 낡은 길 건너 고향여인숙을 가리키며 "야 인마, 너 맞고 갈래, 자고 갈래?"라며 역사에 길이 남을 명언의 공갈협박에 H가 주저앉는다. 그리곤 옆 가게에서 막소주병과 안주를 사들고 여인숙으로 들어가는 두 사람의 뒷모습이 술 취한 놈 날도깨비 걸음으로 흥청거린다.

젊은이는 젊은이끼리 늙은이는 늙은 사람끼리 통하는 세상이다. 젊은이들이 출입하는 커피숍이나 유흥주점 같은 곳엔 늙은이는 물흐려진다고 아예 들어가지도 못하게 한다, 그래도 바가지로 쏟아붓는 욕을 내질러 술안주로 주었던 영산포 할망구가 늙은 사람들의 시정을 알아줘서 허물없이 드나들었는데 전세 돈을 턱없이 올려달라는 집주인의 횡포에 그만 영산포 술청의 문을 닫아버렸다.

어미 잃은 새끼 같은 심정이다. 마음을 척 내려놓고 술잔을 기울이고 도토리 깍정이에 반쯤도 차지 않을 헛소리를 지껄이며 노닥거리다가 늙은 할망구가 바가지로 퍼붓는 욕지거리를 술안주 삼아 노년을 꾸려가던 우리들의 보금자리가 둥지째 없어졌다. 이제 이 낡은 삭신을 어느 술청에 부려놓고 노닥거릴 수 있단 말인가? 참으로 아득하고 막막하다.

김장

한국 사람치고 김치를 싫어하는 이가 없겠지만, 나는 어려서부터 유달리 김치를 좋아했다. 특히 김장김치를 좋아해 김장하는 날은 학교에서 공부가 제대로 되질 않았다. 하학 시간이 되기 바쁘게 책보를 등허리에 을러매고 집으로 내달렸다.

김장은 한 가정의 일 년 대사 중에서 큰 행사의 하나로 그 집 가정주부는 김장을 마치면 한시름 놓고 다리를 펼 수 있을 정도로 큰 일거리였다.

우리 민족에게 언제부터 김치를 저장하는 풍습이 생겼는지는 모르지만, 『동국이상국집』에 무를 소금에 절여 대비한다는 구절과 고려 때에는 '요물고料物庫'라 하여 채소를 가공

해서 저장하였다는 기록으로 봐서 아마도 고려 때부터 시작된 것 같다.

조선 때에는 「농가월령가」의 시월 노래에 김장하는 게 나오고 『동국세시기』에는 봄과 겨울에 김장하는 게 일 년 계획이라고 한 것으로 짐작하건대 조선 시대에 이르러 우리 민족의 풍습으로 자리매김한 것 같다.

만이천 평이 넘는 우리 과수원에는 큰집과 우리 집이 같이 기거한다. 우리 식구만 하여도 조모님을 비롯하여 열댓에다 대여섯 명의 머슴이 산다. 거기에 하루도 거르지 않고 오시는 식객을 합하면 이십여 명의 겨울 준비를 해야 한다. 그 많은 수의 겨울 양식을 마련하자면 최소한 나흘은 김장해야 한다.

무·배추가 몇 접인지는 모르지만, 워낙 많은 양이라 과수원 모퉁이 저수지에서 초벌을 씻어 남자들이 지게로 짊어져 오면 집안의 샘물로 다시 씻었다.

채소를 씻는 작업만 하여도 머슴 전부와 십여 명의 아낙네가 동원되는 힘든 대역사役事인 것이다. 김치도 초겨울에 먹을 것과, 늦은봄의 것으로 분류하여 나눠서 담갔다. 몇 단지의 깍두기를 썰어서 담아야 하고, 단무지도 꼬들꼬들 말린 무로 담은 '단무지'와 생무로 담는 '믿지'로 나누어 담갔다.

또한 갑자기 귀한 손님이 오셨을 때를 대비하여 김치에 돼지고기를 싸서 담근 김치도 한 도가지 따로 담는다.

김장에 드는 무와 배추 그리고 소금 젓갈 미나리 고춧가루 등속은 외부에서 구입하고, 가지와 오이 박 마늘 토란 파 등은 할머니의 텃밭에서 조달하였다. 과수원 앞에는 약 삼사백 평 정도 되는 텃밭이 있다. 그 텃밭은 할머니의 남새밭이다. 할머니 허락 없이는 아무도 들어가지 못하는 출입 금지 구역이다. 거기에서 할머니는 요술쟁이처럼 마늘 토란 파 시금치 쑥갓 상추 오이 가지 장다리꽃 별별 남새들을 만들어 내셨다.

과수원의 김장이 끝나는 날까지 날마다 그날 김장을 마칠 무렵이면 삶은 돼지고기를 노란 배추 속잎에 싸서 먹는 풍습에 따라 하루의 피로를 풀었다.

이렇듯 우리 민족의 대표적이었던 김치가 요즘 젊은이에게는 인기가 그리 높지 않다. 단 라면을 끓여 먹을 때만은 예외로 인기가 아주 만점이다. 라면에 김치가 빠지면 앙꼬 없는 찐빵과 다름없기 때문이다. 그러나 대부분의 가정에선 지금도 김치를 담그고 일용하는 것이 상례로 되어 있다.

지금은 옛날처럼 대가족이 없고 핵가족으로 김치의 수요가 그리 많지 않아 몇 접으로 담그지 않고 몇 포기를 담그는 집이 많아졌다. 따라서 인력이 많이 요구되지도 않는다. 더구나 이제는 채소를 씻어서 소금으로 간을 죽여 양념을 버무리

기만 하면 김치가 될 수 있도록 집에까지 배달되는 세상 아닌가.

또한 시장에 가면 김치공장에서 나온 김치를 얼마든지 구매할 수 있는 세태가 되었다.

내가 이리 장황하게 김치에 대하여 사설을 늘어놓는 것은 해마다 담그던 김장을 금년부턴 안 하겠다는 아내 때문이다. 붉은 고추가 시장에 나오기 시작하면 내 목을 옭아매 가지고 관촌 고추 시장으로 끌고 다니던 아내다. 산더미처럼 고추를 쌓아놓은 상인들이 모두가 기계로 말린 게 아닌 햇볕에 말린 태양초라며 외장을 친다. 내 무지한 눈으로는 어느 게 태양초며 어느 게 매운 고추인지 분간을 못 하고, 다만 개새끼 모양으로 아내의 뒤를 따라 요리조리 졸졸 끌려다녔다. 나는 빨리 끝내고 관촌 청춘옥에 가서 시원한 맥주 한 잔에 비빔국수나 한 대접 먹었으면 하는 생각이 굴뚝같은데 아내의 눈초리로는 가망 없는 얘기였다.

무슨 일인지 올해는 마늘 사자는 말이 없었다. 작년에는 정부에서 주는 코로나 보조금 나온 돈도 채가 마늘 산다고 한 아내였다. 그러고 보니 일찌감치 김장을 안 하기로 작정을 한 모양이다. 여든이 넘으니 허리도 아프고 머리도 어질어질한 몸으로 도저히 김장할 엄두가 나지 않는다는 것이다. 더구나 같이 사는 막내딸 내외와 네 식구뿐인데 먹으면 얼마나 먹겠냐며 시장에서 사다 먹든지 하고 풋것 나올 때까지 그럭저럭 때우자는 것이다.

문제는 다음이었다. 김장하지 않는다는 말을 들은 친척들이 자기 집 김장한 김치를 몇 통씩 가져다 주시고, 사위 친구와 딸 친구들이 보내주신 김치가 그럭저럭 겨울나는 데는 별 어려움이 없을 정도가 되었다. 참으로 고마운 일이다. 아직도 우리 사회에는 인정이 살아있고 살 만한 가치가 있는 세상이란 걸 뼈저리게 느낀다. 김치를 보내주신 분들의 도타운 인정과 마음씨에 새삼 감사하고 내 가슴이 포근함을 느낀다. 이제는 어쩔 것인가? 죽어도 내년에는 김장해야 할 형편이 되고 말았다. 왜냐하면 얻어먹은 김치를 갚아야 할 게 아닌가. 그렇다고 시장에서 사다 드릴 수는 없는 노릇이니 죽으나 사나 김장을 해서 갚아드려야 할 형편이 되고 말았다. 꼬부랑 할멈이 김장하는 수고로움을 도로 안겨준 셈이다. 그게 사람 사는 이치라면 어쩔 수 없는 게 아닌가. 그렇게 어우러져 사는 것이 인생이라면 말이다.

큰모래내다리

뭣도 모르는 사람들이 작은모라내다리라고 부르는 큰모라내다리가 유월 전쟁 때 소련제 T54 탱크와 미군과 흑인이 새까맣게 올라탄 탱크가 지나다닌, 목포에서 서울을 지나 함경도까지 올라가는 국도 13번 원조 모래내다리다.

한데도 다리가 작고 얕다고 깔본 사람들이 원조 큰모래내다리를 작은모라내다리, 모라내다리라고 부르는 것은 지금은 모라내시장이라고 부르는 모래내시장을 끼고, 큰길을 만드느라 복개 공사를 해서 그 형체조차 찾을 수 없는 작은모래내다리가 넓고 긴 다리였기 때문이다.

옛날 모래내다리로 자동차와 우마차 그리고 사람들이 오갈 때는 모래내 마을 조무래기들이 다리목을 지켰다가 시골 아이들에게 싸개를 주었다.

고교 이학년 때 전주 집에 땔나무를 손수레에 싣고 가던 무더운 여름날, 다리 난간에 앉아 잠깐 쉬는데 동네 아이들에게 싸개를 당했다.

나는 혼자고 그들은 서넛인 데다가 손수레 짐까지 있으니 해볼 방법이 없어 눈치를 살펴보다가 난간에 걸터앉은 제일 큰 녀석을 뒤로 밀어 떨어뜨렸다.

다리 높이가 한 길 정도로 얕은 데다 모래가 깔린 위로 물이 흘러 위험하거나 상처를 입지는 않았지만, 기선을 빼앗긴 녀석들이 슬금슬금 내빼버렸다.

다리 밑으로 흐르는 물은 기린봉 골짜기에서 흘러내리는 옥수로 청수처럼 맑아 손으로 쥐어 먹을 정도이고 하얀 모래가 많아서 모래내였다.

물이 맑은 이유는 모래가 많은 냇가여서 상류로부터 흘러내리는 물이 모래에 정수가 되어 오기 때문에 그리 맑았을 것이라 여겼다.

며칠 뒤 학교에 가느라 바삐 걷는데 모래내다리에서 거수경례를 붙이며 다가오는 후배를 만났다. 바로 그 녀석이 다리에서 떨어진 일학년 토목과 학생이었다. 그런 연유로 우리는 서로가 미안한 마음을 가지고 오랜 기간 가까이 지낸 친구 같은 선후배가 되었다.

해가 뉘엿뉘엿해지면 아침에 교도소를 나와 일을 하고 돌아가는 푸른 옷을 입은 죄수들이 모래내 맑은 물에 씻기도 하고, 괭이나 삽 같은 연장을 깨끗이 닦으며 웃고 떠들다가 검정 제복을 입은 간수가 부는 호루라기에 따라 길게 논두렁을 걸어간다.

다리 위쪽 교도소 방향으로 몇 발짝 올라가면 시커먼 삼베 중우 골마리를 엉덩이까지 까 내리고 웃통을 벗은 채 늘 짝을 만드느라 땀을 뻘뻘 흘리며 대패질을 하는 목 공장이었다. 그곳을 지나 교도소 정문 앞 노 씨네 싸전에 이른다. 그 목공장 사장은 유월 전쟁 때 관, 즉 널짝을 얼마나 비싸게 많이 팔았는지 돈을 많이 벌어 토목건축 양업을 하는 종합건설회사 사장을 떵떵거리고 하다가 작고하셨다.

전주 시내의 각기 다른 부서에서 막일을 하고 하루치 양식을 사 가기 위하여 모래내고개 너머 농고 뒤 명지골에 사는 귀환 동포들이 몰려든다.

그들이 시내의 싸전에서 사지 않고 노 씨네 싸전으로 오는 이유는 시내에서 들고 오기가 무거운 탓도 있지만, 봉지 쌀을 사가는 그들에게 이 집 주인 노 씨가 항상 웃는 낯으로 쌀을 한 주먹씩 덤으로 더 쥐어서 넣어 주기 때문이고, 그 싸전이 마지막 싸전인 까닭이다.

몇 백 명의 귀환 동포들 덕택에 다른 싸전보다 박리다매하고 또한 주먹 인심이 후하다는 소문이 파다하게 깔려 그 부근 상권을 독차지했다. 하여 시골 고향에 정미소를 사고 논밭을 많이 장만하였다고 한다.

비록 노 씨네 싸전뿐만 아니어도 모래내다리에서부터 꼭대기로 올라가는 도로 양편에 차린 점포들이 귀환 동포들의 덕으로 매상이 는 것은 사실이다.

그 바람에 선술집이 많이 생겼다. 대낮부터 술에 취한 취객들의 고함과 술로 인해 시비가 붙어 모래내 길엔 싸움이 그칠 날이 없어 모래내 전체의 인상이 흐려지기도 하였다.

모래내의 조금 가파른 고갯길을 오르면 펑퍼짐한 땅이 있다. 거기에서 농고로 내려가는 길은 경사가 그리 급하지 않은 고갯길이다.

주야장천을 쿵쿵거리며 나락을 빻는 커다란 정미소가 오른쪽에 자리했다.

우리 집도 과수원 외에 약 오십 마지기 가량의 논농사를 경작했기 때문에 가을이면 그 정미소에 가서 도정을 한다. 도정 말고도 솜을 타오기도 하고 솜을 틀기도 한다. 우리 형은 키가 육 척 장신에 힘이 장사여서 고등학교 이학년 때 그 정미소에서 도정한 쌀 한 가마를 한 손으로 들어 어깨 위에 올리다가 어깨 늑골이 부러져 오래 고생하였다.

정미소, 즉 매갈이간 맞은 편, 날망의 왼쪽에 날아갈 듯 어깨를 펴고 있는 기와집이 내 친구 집이다. 우리 집하고 위아래 살다가 아이들 통학 문제로 이사하여 터를 잡은 곳이 여기 모래내 날망이다.

내 친구는 공부하고는 별로 친하게 지내지 못하는 성격으로 태어나 농구 같은 운동과 또 하나의 운동인 목운동을 아주 많이 즐기며, 걸걸하고 털털한 성격에 친구 사귀기를 매우 좋아하는 도청 고급공무원이다.

어려서 자랄 때 참외 수박 복숭아 닭서리를 하는 선봉대장이 그 녀석과 나였다. 무슨 연유인지 우리 과수원 복숭아도 서리해 먹는 괴벽을 가졌는데, 어느 여름날 녀석의 제안에 따라 녀석네 집의 닭을 서리하기로 하고 밤중에 몰래 담을 넘어 들어갔다. 대나무를 쪼개어 만든 닭기장태를 열고 횃대에 앉아 자는 닭의 아랫배에 가만히 손을 넣으면 닭이 가만히 있다.

그렇게 한 마리씩 꺼내다가는 날새겠다며 녀석과 내가 양편에서 닭기장태를 들고 나왔다. 물론 큰 나무 대문은 삐걱 소리가 안 나게 녀석이 물을 부어 놓았다 닭기장태를 들고 마을 뒤 대나무밭에 들어가 닭을 잡기 시작했다.

이 무지한 도둑들은 닭 모가지를 몇 번 비틀고는 산 채로 털을 쥐어뜯었다. 그랬으니 닭이 얼마나 아팠을까. 캄캄한 밤중의 대나무밭 속은 참으로 어두웠다. 그 칠흑같이 어둠 속에서 털을 쥐어뜯은 놈은 한쪽에 놓고 닭장 속에서 퍼덕이는 놈을 잡아다가 벗겨서 친구네 집 소여물 삶는 가마솥에 삶아 두어 마리씩 뜯어 먹었다.

문제는 다음날 아침 새벽에 일어났다. 식모가 아침밥을 하려고 나오니 마당에 웬 신기한 것이 걸어 다닌다. 깜짝 놀란 식모가 자세히 보니 털 없는 닭이다.

"어르신, 여기 나와 봐요. 닭이 꾀벗고 돌아댕겨요. 아 꾀벗은 닭이 댕긴당게요. 싸게 나와 보시랑게요."

아버님이 무슨 일인가 하고 나와 보니 아닌 게 아니라 닭이 꾀벗고 다니는 거다. 기가 찰 노릇이다. 닭기장태를 보니 없어졌다. 외아들 녀석 방문을 열어보니 없다. 틀림없는 아들놈 짓이다. 성질이 불같은 아버지의 성격은 무섭기로 이 근동에서는 소문났다. 유월 전쟁 때는 자기 형을 고자질해서 죽게 만든 사람을 잡아다가 몽둥이로 때려 거의 죽게 만든 무서운 성격의 소유자다.

찬찬치 못하고 설렁설렁 일을 해치우는 나와 그 녀석의 부주의한 탓이다. 완전히 죽지 않은 닭을 털만 뜯어서 옆으로 밀어놓은 것이 잘못이었다. 그중에서 살아 있는 닭이 정신을 차려 저희 집으로 몇 마리가 꾀벗은 채 찾아간 것이다. 문제는 아버지의 노여움이 보통이 아닌 것이 문제였다. 다행히 녀석의 어머님은 키도 훤칠하게 크신 미인이고 요조숙녀의 기질을 고루 갖춘, 모성애가 아주 지극하신 어른이다. 아버지와는 정반대의 조용하고 인자한 성품을 지닌 분이셨다

녀석의 성격이 호탕하고 스케일이 크면서 친구들에게 다정하고 인정이 넘치는 성품은 아버지와 어머님의 좋은 성품만 골라 닮은 것 같다. 하니 어머니 생각에 녀석이 집에 들어왔다가는 큰 봉변을 당할 게 뻔하므로 어머니가 몰래 숨어 있는 친구 집에 찾아가 다른 친구 집으로 피신을 시키고 아버지 몰래 새벽밥을 해서 아버지 기침하시기 전에 눈치 못 채도록 도시락과 기타 필요한 것을 두 달간 날라다 주셨다. 그러니 녀석은 거의 석 달 정도 제 집을 들어가지 못하고 학교에 다녔다. 학교 수업이라야 농구하는 운동부 학생이니 시합 준비한다고 하면 된다.

후에 녀석은 도청 고급공무원 중에서 가장 유능한 행정 공무원으로 각광을 받았다. 학교 우등생이 사회 우등생으로 자

리 매김하는 것이 아니란 사실이다. 그런데 아뿔싸! 이를 어쩐단 말이냐. 하늘이란 것은 왜 그다지 짓궂은 심보를 가진 것인가 알 수가 없다.

그렇게 유능하고 술 잘 마시고 인정 많고 사람 좋아하던 녀석을 하늘은 덜컥 데려가 버렸다. 참으로 싸가지 없는 하늘의 소행머리인 것이다.

그런 뒤로는 큰모래내다리 근처에 가기가 싫어졌다. 모래내를 생각하면 친구 녀석이 생각이 나고 그날 하루는 우울한 심사로 시간을 보내야 해서 그 근처엔 얼씬도 하기 싫다.

밀주 이야기

왜놈 순사보다 더 무서운 밀주단속반이 들이닥치면 술 빚은 집들은 난리가 난다. 헛간 잿더미 속에 쳐박거나 마당가에 쌓인 거름더미나 뒤곁에 세워놓은 짚가리 속에 술 도가니를 감춘다. 왜놈들이 공출로 쌀을 뺏어가고도 모자라 별동대가 색대를 들고 여기저기 쑤시고 다닐 때처럼 세무서 직원의 날카로운 눈에 불을 켠다. 아낙네 치마폭 빼놓고는 샅샅이 뒤진다. 그러다 들킨 사람은 벌금 물고 연행 되어 곤욕을 치렀다.

시방은 자기 양조가 허락되어 맥주도 만들어 수출도 하겠다는 세상이지만 불과 몇 년 전까지만 해도 가정에서 술을 빚는 일은 밀주라 하여 단속 대상이었다.

시골 각 면이나 도시엔 술도가가 있었다. 주장 주인은 돈 많고 약간의 권세를 가진 사람이 운영을 했다. 우리 면에서 배나온 사람은 면장과 주장 주인밖에 없었던 시절이다. 군 세무서에서 출장 나온 세무서 직원들이 머무는 곳이 으레껏 주장이었다. 거기서 식사도 챙기고 용돈도 얻어갔다. 양조장 주인의 수첩에는 자기 몽리구역 내의 결혼식, 회갑잔치, 초상집 탈상날짜, 어린아이 돌잔치까지 빼곡히 적혀있다.

어느 마을 누구네 탈상인데 그곳으로 술이 나가지 않으면 밀주를 쓰는 걸로 직감하고 세무서 직원을 내보낸다. 탈상을 치르는 상주와 문상객들은 느닷없이 들이닥쳐 술 도가니를 색출하고 상주를 연행해 가는 세무서 직원들의 행태에 놀라 뿔뿔이 헤어져 탈상 마당은 텅 빈 난장판이 되어버린다. 상주가 끌려갔으니 탈상이고 뭐고 허탈에 빠진다.

술 잘 마시고 사람 좋은 어느 시골학교 교감 선생의 전화다. "여보시게, 우리 학교 좀 놀러 와. 요새는 초상난 집이 없어서 막걸리 맛이 괜찮아." 시골 주장에서는 자기 고장에 소요되는 만큼의 술을 빚는다. 그런데 갑자기 초상이 나면 술을 당장 더 빚을 수가 없으니 만들어진 술에 초상집 나갈 만큼 몇 바가지 물을 더 붓는다. 그러니 초상나면 막걸리 맛이 싱거워질 수밖에 없다.

조선조시대에는 임금마다 금주령을 내렸다. 영조는 재임 동안 금주령을 거의 내렸다고 한다. 정구선 씨가 지은 『조선왕조 금주령을 내리다』엔 금주령을 내리는 이유가 첫째 사람의 성품을 기르고 재앙과 난리의 근원을 막는 것, 둘째는 가뭄이나 홍수 때 곡식 소모를 막고 저축하려는 것, 셋째는 국가의 재정 보충을 위하여 개인 양조를 금하고 국가가 전매하여 이익을 취하는 것, 넷째는 사치를 없애는 것이라 쓰여 있다고 한다. 그중에 영조가 가장 심했는데 남병사 윤구연을 금주령을 어겼다 하여 참했다.

영조가 선전관 유진항을 불러 자기의 어도를 주면서 "사흘 안에 술 빚는 자를 잡아오라. 그렇지 못하면 네 목을 칠 것이다."라고 엄명을 내렸다. 뛰다죽을 일이지, 어디 가서 잡는단 말인가. 고민 끝에 기생 애첩 집의 안방에 누워 뒹굴었다. 깜짝 놀란 기생이 물으니 내 배가 술을 먹어야 낫는 병인데 어디에 술이 있어 마시겠냐며 죽는 시늉을 했다. 잠깐 기다리라며 쓰개치마로 얼굴을 가리고 치마에 술병을 감추어 가는 기생을 따라갔다. 동촌의 초가집, 비바람 가리기 힘든 누추한 집에 한 선비가 등잔불 아래 글을 읽고 있다. 부엌으로 들어간 기생이 들고 나오는 술병을 잡아챈 뒤 선비에게 임금의 어명을 전했다.

선비는 법을 어겼으니 어찌 용서를 빌겠냐며 늙은 어머님께 하직인사나 드리고 가게 해주십사 한다.

"세상에, 이게 무슨 일이냐. 내가 몰래 술을 빚은 건 돈 벌려고 한 게 아니라 너에게 아침 죽을 먹이려고 했는데 이 못난 어미 탓이다."

"나를 잡아 가시요." 하자 이번에는 며느리가 쫓아 나와 "늙은 어머니가 무슨 힘으로 술을 빚었겠습니까? 제가 한 일이니 나를 잡아 가시오." 한다. 이 딱한 사정을 목격한 유진항은 그 선비와 밤새 술을 마시고 어도를 주며 살림에 보태 쓰라 하고 임금에게 못 잡았다는 보고를 올렸다. 노한 영조가 제주도로 귀양을 보내 몇 년 살다 나와 10년 후에 복직하여 경북 합천군 초계 사또가 되었다.

유진항은 10년 놀고 복직하느라 든 돈을 보충할 속셈으로 가렴주구를 했다. 아들과 동헌마루에 앉아 상추쌈 점심을 먹고 있는데 그 지방을 돌던 암행어사가 소식을 듣고 '암행어사 출두'를 하자 황망히 도망쳐 숨었다. 문틈으로 내다보니 어사가 바로 그 선비가 아닌가. 아, 이젠 살았구나, 하고 쫓아나가 "어사또, 나를 모르겠소? 나 옛날 동촌에 갔던 선전관이요." 해서 둘이는 밤새도록 술을 마셨다. 어사가 유진항의 선행을 널리 펴서 유진항은 훗날 삼도수군통제사까지 올랐다. 밀주는 이렇게 깊은 인연도 만드는 재주가 있는 술이다.

우리 공직사회에도 선전관 유진항과 그 선비 같은 애정과 인정을 가진 공복이 몇이나 될까? 그렇게 아름다운 마음씨를 가진 공복이 많을수록 맑고 밝은 세상이 이루어지는 것을 소망해 본다.

나는 젊은 시절, 쌀 열 가마가 들어가는 뒤주가 있는 집 아가씨가 자기 할아버지 약주가 익는 날이면 대두병에 두 병씩 담아다 주던 밀주 생각이 간절하다. 그 아가씨는 지금쯤 어디에서 나처럼 늙었을까, 아니면 살아나 있으려는지. 갑자기 보고 싶은 생각이 가슴 깊이 저며 온다.

보리밥

나는 보리밥을 싫어한다. 그것도 아주 많이 싫어한다. 일제 강점기 시절 대동아전쟁 말기 무렵의 공출로 인하여 식량이 없어 막된장에 풋나물을 버무려 먹을 때부터 유월전쟁의 소용돌이 속에서 허덕일 때는 보리밥도 귀했었다.

하지만 전쟁이 끝나고도 시골에선 웬만한 부잣집도 보리쌀을 섞어먹는 게 당시의 여건이었다. 우리 집에선 할머니 진지상에만 노란 계란탕 한 보시기와 보리가 조금 섞인 진지가 올랐고, 나머진 보리가 쌀보다 훨씬 많은 보리밥을 먹어야 했다.

내가 보리밥을 싫어하는 게 그 깔끄러운 보리밥에 질린 탓도 있겠으나 그 외에도 몇 가지 이유가 있다.

모처럼 쉬는 일요일 아침 황새목 낫을 쥐여주며 과수원 뒤꼍에 붙은 보리밭의 보리를 베라고 한다. 농사의 주종인 과수원이 보리 벨 무렵엔 눈코 뜰 새 없이 바쁜 철이기 때문에 머슴이나 삯꾼을 내보낼 형편이 아니었을 게다.

> 보리밭 사이 길로 걸어가면/ 뉘 부르는 소리 있어 나를 멈춘다./ 옛 생각이 외로워 휘파람 불면/ 고운 노래 귓가에 들려온다./ 돌아보면 아무도 보이지 않고/ 저녁놀 빈 하늘만 눈에 차누나.

이 노래는 박화목 시로 윤용하가 부산피난시절 작곡한 것을 뒤에 김강섭이 편곡하여 가수 문정선이 불러 유명해진 4분의 4박자 내림장조 곡이다. 우리 집 보리밭은 위 노래처럼 어여쁜 소녀의 바람결에 날리는 머리카락같이 바람 불면 사르르 곱게 눕는 보리 물결이 아니다. 마치 기계독 '두부백선'이 오른 대가리마냥 군데군데 파먹어 검정 깜부기만 꺼뭇꺼뭇한 알량꼴량하게 지은 보리밭이다.

그나마 모진 비바람에 자빠져 미친년 쑥대머리 머리칼마냥 헝클어져 수세미 속이 된 것을 어떻게 베란 말인가? 엉거주춤 몇 주먹 베어보니 흐르는 땀이 눈으로 들어가 쓰라리고 엉킨

자락을 간추려 베는데 보리 까끄라기가 껄끄러워 그 자리에 낫자루를 동댕이치고 형과 나는 시내로 줄행랑을 쳐버렸다.

암울한 군사정권시절, 보리 혼식 검사 출장 가서도 처삼촌 벌초하듯이 대충대충 건성으로 건너뛰었다. 하릴없는 술꾼들이 주점에 앉아 "여린 열무를 손으로 쥐어 우둑우둑 잘라 넣고 된장을 쫙 뿌려 찹쌀고추장에 보리밥을 썩썩 비벼먹으면 여름 입맛은 그만이다."고 씨부렁거리며 주인에게 보리밥을 해서 팔아보라고 권했다. 이에 솔깃해진 주인이 보리비빔밥에 필요한 양푼, 종그래기, 찹쌀고추장 등속을 장만하여 준비를 하였는데 이놈의 술꾼들이 보리비빔밥을 한 끼니 먹어보고는 다시 찾지 않아 애써 준비한 주인만 골탕을 먹었다. 옛날 가난하던 시절 추억만 가슴에 안고 산 사람들의 입맛이 변했기 때문이다.

'당뇨 때문에 잡곡을 먹어야 한다.'며 밥에 보리를 섞는 날은 저녁을 굶는 날이다. 보리밥이 뜸들 때 풍기는 냄새는 푸근하고 구수한데 이상하게도 밥그릇 뚜껑을 열면 코에 확 끼치는 보리 냄새가 역겨워 징그럽게 싫어하는 나를 아내는 무슨 열대지방의 외딴섬 나라나 먼 행성에서 온 외계인이거나 아니면 요상한 괴물 보듯 힐끗거리며 쳐다본다.

시험감독

이 세상에 시험을 좋아하는 사람은 아무도 없을 거다. 그러나 우리는 어려서부터 숱한 시험 속에 살아야 하는 운명의 인간이다. 어쩔 수 없이 시험을 봐야 하고 또 시험 감독을 해야 한다.

고등학교 이학년 겨울쯤이었을 게다. 그해 겨울은 유난히 추웠다. 문고리에 손이 쩍쩍 달라붙도록 차가운 날씨였다. 중간고사를 보는데 기성회비 미납자는 시험지를 빼앗기고 교실에서 쫓겨났다. 한 학급의 삼분의 일 정도쯤 되는 놈들이 운동장으로 쫓겨났다. 우리 교실은 일층이어서 밖으로 나가 유리창 가에 등을 대고 해바라기를 하고 있는데 교실 안에서 시험 보는 녀석이 시험문제 답을 가르쳐 달라고 눈을 찡긋거린다. 교과서를 꺼내어 해당 페이지를 펼쳐 안에서 보이게 해주고는 먼 산을 쳐다보고 해찰을 하는데 느닷없이 귀 쌈을 한 대 얻어맞았다. 정신이 얼떨떨하고 눈에서 번갯불이 번쩍 일었다. 시험 감독하던 토목과 노가다 선생이다. 나는 두말없이 교문을 향하여 무작정 뛰었다. 노가다 선생은 별명처럼 커다란 주먹으로 사정없이 쥐어박는다. 노가다 선생에게 걸리면 무조건 튀어야 한다. 얼른 그 자리를 피하면 조금 쫓아오다가 만다. 그리고는 그만이다. 그 버릇을 알기에 위기를 모면했지만 시험 감독에게 혼쭐이 난 건 처음 일이었다.

군사정권 시절 나는 공무원 초년생이었다. 공무원교육원에 피교육생으로 차출되어 한 달 동안 교육을 받았다. 당시는 전쟁이 끝난 지 얼마 되지 않아 각 관공서마다 전쟁 통에 파괴된 건물을 복구하지 못해 수용할 건물이 부족한 실상이었다. 도공무원교육원도 전주객사 '풍패지관' 건물에 칸을 막아 사용하였다. 교육방법이 어찌나 까다로운지 잠시도 쉴 틈을 주지 않았다. 내일 배울 범위를 일러주고는 다음날 아침 첫 시간에 예습한 걸 시험을 친다. 그리고 끝 시간에 그날 배운 것을 또 시험을 봤다. 하루에 시험을 두 번 치르는 게다. 그리고 주말시험과 월말 종합시험을 본다. 그것을 종합하여 평가하였는데 60점 이하면 낙제를 시켰다. 문제는 낙제할 경우 공무원 옷을 벗어야 했다. 가장 어려운 사람들이 철도공무원으로 철로에서 일하는 선로반원들이었다. 수료식 끝나고 밀봉한 대각봉투 하나씩을 받는다. 수료증과 성적표가 들어있다. 남이 자기 성적을 볼까 봐 구석을 찾아가서 뜯어본다. 낙제한 사람은 "낙심 말고 분투 노력합시다"라고 쓴 종이 한 장뿐이다. 그걸 읽은 사람은 얼굴이 흑색으로 변하고 그 자리에 덜컥 주저앉는 사람도 있다.

그 교육원에 기간 요원으로 근무하는 초등학교 동창 녀석이 있었다. 어릴 때 개구쟁이로 내놓은 녀석이다. 어머니가 풍남동에서 선술집을 경영했는데 이놈이 어찌나 부잡스러운지 '풍남동 십이 똥통구멍'으로 유명한 골목에서 인분을 퍼내는 구멍에 얼굴을 들이밀어 넣고 그 집 처녀의 그곳을 훔쳐보다가 들켜 학교까지 끌려와 정학을 당하기도 하였다. 어느 날 그 녀석이 시험 감독으로 들어왔다, 모두가 시험답안을 메꾸느라 골몰하고 있는데 내 옆을 지나며 도르르 말린 손톱만한 종이를 시험지 위에 슬쩍 놓고 간다, 0 X문제 중 틀린 두 문제의 답이다. 그 녀석 시험감독 덕인지는 몰라도 우등상장을 받아 군수에게 드렸더니 "우리 군에서 처음"이라며 요정으로 초대하여 군수의 술을 얻어 마시기도 하였다.

폭폭 찌는 여름날, 교육행정직 시험 감독을 나갔다. 공교롭게도 내가 맡은 교실에 같은 직장에 임시직으로 근무하는 직원 두 분이 시험을 치고 있었다. 이 더위에 시험 감독하느라 수고한다고 여직원들이 냉차 한 잔씩을 돌린다. 나 혼자 마시기 민망해서 시원하게 마시고 시험 잘 치르며 두 분에게도 드렸다. 많은 수험생 중 두 분에게만 드리는 특별 서비스인 게다. 다행히 두 분 모두 합격을 하였는데 먼 훗날 그중 한 분이 내 상사로 앉는 기구한 인연이 되었다. 공무원 선배나 나이로 쳐도 하늘같이 높은 나에게 젊은 사람이 어찌나 심하게 갑질을 하는지 갖은 수모를 당하였다.

냉차를 마시고 조금 지났는데, 웬 여인이 복도에서 손짓으로 나를 부른다. 무슨 전달사항인가 하고 나갔더니 젊고 날씬한 여인이 내 옷을 잡고 한쪽 구석으로 이끈다. 왜 이러시냐고 물으니 돈뭉치를 호주머니에 집어넣는다. 꼭꼭 접은 종이쪽지를 주면서 OO번을 주란다. 입술이 바싹 타고 사지가 벌벌 떨린다. 기절초풍하게 놀란 내가 돈과 쪽지를 밀어낸다. "친정 동생인데 부모님 돌아가시고 불상한 아이니 이번엔 꼭 합격을 해야 한다."고 눈물을 주르르 흘린다. 황당하여 어쩔 줄 모른 나는 돈뭉치와 쪽지를 복도에 팽개치고 빨리 시험장으로 들어와 버렸다. 여인이 어떻게 복도까지 들어왔는지는 모르되 원망이 가득 담긴 눈으로 나를 한참을 노려보다가 하얀 가제손수건으로 눈물을 훔치며 나갔다.

그날 밤 잠자리에 누워서도 원망하던 그녀의 눈물어린 얼굴이 자꾸만 떠올라 참으로 괴로웠다. 눈 한번 질끈 감아 그 여인의 간곡한 부탁을 들어주어야 하는 게 사람 도리 아닌가? 하는 생각이 들다가 '이게 무슨 도깨비 하품하다 이빨 빠지는 소리야?' 두런거리는 양심은 웃으려 해도 뜻대로 되질 않아 며칠을 혼란스러웠다. 그런데 다행히 그 친구가 합격을 해서 같이 근무하게 되었다. 문제는 그 친구를 볼 때마다 누나의 원망하던 눈초리가 떠올라 곤혹스러웠으나 절대로 내색은 하지 않았다. 그 뒤로 시험 감독이라면 천리나 달아나 공무원 졸업 때까지 다시는 나가지 않았다. 요즈음도 가지각색의 방법으로 각종 시험에 부정을 행한다는 신문기사가 오르는 걸 읽으며 그 날의 시험 감독 일이 생각나 소름이 돋아나고 혼탁한 세월이 어지러워 현기증을 앓는다.

도장

도장의 위력은 막강하다. 도장은 우리에게 행운을 가져다 주기도 하지만 잘못 쓰면 막대한 재산손실과 역적으로 몰려 생명이 왔다갔다하는 아주 중요한 기능을 가졌다. 내 주변에서도 보증으로 찍은 도장 때문에 파산한 사람을 여럿 봤다.

어떤 정치가는 공천 도장을 날인하기 싫어서 정당대표 직인을 짊어지고 고향 바닷가로 도망쳤다는 신문기사를 읽었다. 개인에게도 인감도장은 매우 중요하여 지금도 부동산 매매에는 인감도장이 절대적으로 필요한 위력을 가지고 있다.

옛날엔 정통성과 권위의 상징이며 생명과 재산의 보존 수단의 구실을 하였다. 인류가 도장을 필요로 하는 원인은 부족 또는 개인의 재산이 축적될 무렵에 재산의 소유권 표시가 필요하여 만들었을 거라 추측된다. 상거래의 확인 방법으로 계약서나 법률, 행정문서 등에 보급시켰다.

도장의 최초 출현은 6천 년 전에 메소포타미아 수메르에서 나타난다. 이집트에선 쇠똥구리 모양의 도장을 사용하였고, 메소포타미아는 대리석으로 만들었다. 중국에선 자기 지배하에 들어온 수장들에게 중화세력권 안에 편입시킨 표지로 관직과 직위를 나타내는 인수를 주는 데 썼다.

도장의 재료로는 상아, 옥, 백수우(물소 뿔) 흑수우, 벽조목(벼락 맞은 대추나무), 금속, 돌 등을 사용한다. 나도 상아 옥 그리고 소나무 막도장을 가졌다. 필리핀 여행에서 흑단목을 만났으나 우물쭈물하다가 놓친 게 지금도 후회가 된다.

우리나라에 도장이 들어온 건 372년 고구려 소수림왕 2년에 전진의 승려 순도와 374년에 승려 아도가 불상과 불경을 가져와 불구에 기초적인 도금과 칠을 하면서부터라 한다. 한나라 때 고려에 들어온 그림과 서예의 낙관에 널리 쓰였다고는 하나, 한반도에 도장의 첫 출현은 중 일연의 『삼국유사』 기록에 환인이 환웅에게 준 3과 중 하나로 천부인이 우리나라 최초의 국새가 된다. 그 무렵엔 평민과 천민은 도장을 사용치 못하였다고 한다.

도장에는 개인이 소장하는 인장과 관공서, 단체 기관 등의 대표 권한을 인증하는 직인이 있다. 직인은 직인함에 넣어 보관하며, 사용 시에는 직인 날인 기록부에 기록하도록 되어 있다. 시방은 그런 사람 없겠지만, 옛날엔 기관장이 자기 호주머니에 넣고 다니는 사례가 참 많았다.

내가 시골 군청에 재직할 때, 관내 교장선생님들을 모시고 제주도 선진지 시찰을 한 일이 있었다. 말이 시찰이지, 관광하는 거다. 시방도 국회나 도, 시, 군 의원들이 그 짓거리를 한다는 기사가 신문에 실리는 걸 보면 공무원들의 몹쓸 행태가 예나 지금이나 변함이 없나 보다. 제주관광을 마치고 돌아오는 여객선에서 일행 중 나이가 제일 높은 교장이 부르시기에 갑판으로 따라갔다. 품속에서 학교 직인을 꺼내어 나를 준다. 교감에게 가져다 주라는 거다. 왜 이러시냐고 물어야 그 대답은 없고, 한사코 애원하는 눈으로 막무가내신다. 이상한 생각이 들었지만 어른의 간곡한 부탁을 마다할 수 없어 받아 넣었다.

육지에 도착하여 기차를 타고 와서 정거장에 내렸다. 인원점검을 하니 그 교장이 안 보인다. 아무리 찾아도 없어 하는 수 없이 그냥 왔는데 며칠 후에 엉뚱하게도 경상도 어디에서 연락이 와 교감이 가서 데려왔다. 치매에 걸린 거다. 그때서야 아, 자기의 치매가 발병될까 염려되어 나에게 직인을 맡긴 거란 걸 뒤 늦게 깨달았다.

군사정권 전에는 각 군마다 교육청에 교육감이 있었다. 교육감은 선거를 하였는데 시골 면장이 교육감에 당선되었다. 서무계장을 불러 직인을 가져오라고 호통쳤다. 면장 때는 자기가 가지고 다녔기 때문이다. 서무계장이 직인은 단체장이나 어떤 개인이 소장하는 게 아니고 직인함에 보관하는 거라고 직인 간수에 대하여 설명하느라 애를 먹었다.

경리계장이 내민 결재 서류를 보니 은행에 잔고가 수북이 쌓였다. 은행에다가 왜 이렇게 많은 돈을 묵히느냐고 묻는다. 남달리 재리에 밝은 그다. 시골면장 때보다는 엄청나게 큰돈을 보니 군침이돈 거다. 그럼 은행에 두지 않고 어떻게 하실 거냐고 묻는다.

"아, 우리 남도로 마포장사 한 행보 합시다." 이러는 게 아닌가. 이런 천하에 벼락 맞을 일이 다 있는가? 그렇게 쓰는 돈이 아니라는 경리계장을 나무라며 "가서 과장 오라고 해." 하며 쫓아낸다. 내 돈 내가 쓰는데 어떤 놈이 뭐라 해? 그 무렵 전라남도의 값이 싼 삼베를 떼어오면 곱절장사가 되었을 때라 한다. 과장이 불려가 국고는 그렇게 쓰는 게 아니며 만일 사사로이 국고에 손을 대면 횡령죄로 형사처벌을 받는 거라고 설명하느라 진땀을 빼고 나서야 겨우 납득을 시켰다.

8·15광복절에는 초등학교 운동장에서 각급 기관장과 직원들과 학생이 동원되어 기념행사를 하고 시가행진을 한다. 교육감이 밤새워 축사 연습을 하여 출근을 했는데 직원들이 아무도 없다. 그날이 일요일이어서 출근을 하지 않은 거다. 허퉁한 참에 직원 하나가 나와 인사를 한다. 교육청 가까운데 사는 임시 직원이 아침 먹고 하릴없어 밀린 잡무나 정리할까 하고 살망살망 걸어 나온 거다.

"교육감님, 어찌 이렇게 일찍 나오셨습니까?"

"아, 광복절 기념행사를 해야 할 게 아닌가?"

원래 조금 방정맞고 속이 뒤틀린 이 친구가 교육감을 놀려 보고 싶어서 "예? 기념행사요? 그럼 우리 둘이 하시지요." 교육감실에서 단둘이 행사를 한다.

지금부터 제0회 광복절 기념행사를 거행하겠습니다. 일동 기립. 국기에 대한 경례. 순국선열에 대한 묵념, 애국가 봉창은 사절까지 하겠습니다. 행사 순서를 꼬박꼬박 챙긴다. 교육감 훈화. 교육감은 밤새 연습한 걸 길게도 한다. 앞에다 한사람 세워놓고 축사를 한다. 참으로 기막힌 광경이다.

"예, 교육감님 축사를 마치고 만세삼창을 하겠습니다, 교육감님께서 만세를 선창하시면 따라서 복창하시면 되겠습니다.”

만세 삼창, 심사가 외로 꼬인 직원이 오기가 발동하여 행사 순서를 꼬박꼬박 챙긴다. “어이, 그 만세 삼창은 생략하더라고.” 그건 아마 자기도 쑥스러웠던 모양이다. 이렇게 해서 교육감은 밤새 연습한 축사를 풀어놓았다.

지금으로 말하면 일종의 갑질 일화다. 정부기관 직인을 제 호주머니에 넣고 다녀야 안심하는 사고를 가진 기관장이 널린 시절의 기막힌 악습이다. 요즘에도 간간이 뜨는 이러한 한심한 작태가 그 참혹하고 암담했던 시절로 나를 끌고 가려 하는 것 같아 쓴웃음이 비죽이 나온다.

조기호 수필집

구시렁거리는 소리

인쇄 2024년 2월 10일
발행 2024년 2월 15일

지은이 조기호
발행인 서정환
펴낸곳 수필과비평사
주소 서울시 종로구 삼일대로 32길 36(익선동 30-6 운현신화타워) 305호
전화 (02) 3675-3885 (063) 275-4000 · 0484
팩스 (063) 274-3131
이메일 essay321@hanmail.net
출판등록 제300-2013-133호
인쇄·제본 신아출판사

ISBN 979-11-5933-515-0 03810
값 15,000원

Printed in KOREA